电力交易
工作问答

陈向群　罗朝春　成　涛　刘　勇　徐文超　葛　亮
周　旭　周艳红　张　倜　樊　芮　周　涛　唐　烨
刘永卫　谭雯娟　万　灿　肖　聪　彭文彬　张蓝宇
蒋　磊　张明敏　陈洪荔　梁细华　杨旭辉　唐正荣

编　著

内 容 提 要

随着电力交易日益活跃以及市场成员数量的急剧增加，市场化交易电量越来越大，提高电力交易市场成员的业务素质和电力工作技能成为当务之急。本书以电力市场操作技能为主线，从概述、电力市场、电力中长期交易、电力现货交易、辅助服务、可再生能源消纳、电力交易结算、合同及合规管理、服务及信息公开、电力交易信息平台、电力交易机构公司化管理及综合部分等方面，系统回答了电力交易工作中经常遇到的有关问题，突出实用性、针对性、先进性和严谨性。

本书可作为电力交易市场主体岗位培训和技能考核的培训教材，也可作为电力交易机构员工、电力交易管理者、监督者及大专院校相关专业师生的参考书。

图书在版编目（CIP）数据

电力交易工作问答 / 陈向群等编著 . —北京：中国电力出版社，2021.10（2025.9 重印）

ISBN 978-7-5198-5985-5

Ⅰ . ①电… Ⅱ . ①陈… Ⅲ . ①电力市场 - 市场交易 - 中国 - 问题解答 Ⅳ . ① F426.61-44

中国版本图书馆 CIP 数据核字（2021）第 184551 号

出版发行：中国电力出版社

地　　址：北京市东城区北京站西街 19 号（邮政编码 100005）

网　　址：http://www.cepp.sgcc.com.cn

责任编辑：刘丽平　张冉昕

责任校对：黄　蓓　马　宁

装帧设计：赵丽媛　张俊霞

责任印制：石　雷

印　　刷：廊坊市文峰档案印务有限公司

版　　次：2021 年 10 月第一版

印　　次：2025 年 9 月北京第九次印刷

开　　本：710 毫米 ×1000 毫米　16 开本

印　　张：11

字　　数：172 千字

印　　数：6501—7500 册

定　　价：42.00 元

序

自《中共中央、国务院关于进一步深化电力体制改革的若干意见》（中发〔2015〕9号）发布以来，电力体制改革明显提速，电力市场建设迎来了新的发展期。深化电力体制改革，充分发挥市场作用，实现资源优化配置，强化电力安全高效运行和可靠供应，电力市场作用愈加重要。随着电力市场改革的不断深入，经营性电力用户进入市场全部放开，全国市场主体数量将以千万计，庞大的市场主体面对专业的电力市场，亟需培训资料进行学习。此外，对于全国众多从事电力交易的工作者来说，为了能够规范地开展业务，也需要相应的学习资料。

由国网湖南电力交易中心陈向群、罗朝春等编著的《电力交易工作问答》，站在电力市场的最前沿，围绕电力交易工作中的常见问题，依据现有政策文件、规则规定以及电力市场实际运行经验编制而成。本书全面阐述了电力市场建设运营的各个方面，及时填补了国内此类学习用书的空白，有助于提升电力交易从业者的业务技能，增强交易机构主动服务的意识。

《电力交易工作问答》具有以下四方面的特点：

一是涵盖面广。既包括电力市场交易基本业务，又描述了合规管理、市场服务、综合管理等支撑环节，还引入了最前沿的现货、辅助服务市场、可再生能源消纳责任权重等内容，对于市场运营机构和市场成员都适用。

二是实用性强。以电力市场操作技能为主线，对入市、交易、结算等核心业务环节的具体操作进行了详细描述，具有很强的实践指导意义。

三是针对性强。本书收集了市场成员在电力市场实际运营和培训中经常提出的问题，并进行有针对性的解答。

四是严谨度高。编写组查阅了大量的资料，以各类正式印发的法律法规、上级机构和政府的政策文件、交易规则及其实施细则、管理办法等为依据，同时结合电力交易实际运营对书中的公式进行了验证。

本书经过编写者的精心策划和反复雕琢而成，内容质量和参考价值均较高，既可以作为市场主体的培训教材、交易机构人员的学习用书，也可以作为了解电力市场的专业书籍。

随着电力市场改革的不断深入，新的政策、新的理论不断涌现，我们也殷切期待读者提出宝贵的修正及更新意见，不断推动新作品问世，以促进电力市场又好又快发展。

国网湖南省电力有限公司董事长

2021 年 8 月

前言

笔者从事电力市场交易工作期间，电力市场正发生快速而深刻的变革，在工作和培训中许多市场主体反映，交易规则复杂、政策文件多，想要学习电力市场交易总感觉无从下手，作者因此撰写了《电力交易工作问答》一书。本书贴近电力交易工作实际、围绕市场主体关心的问题、对电力交易实际操作具有指导意义的参考书。

电力市场是电力体制改革的重点工作，建设公开透明高效的电力市场直接关系到各市场主体的切身利益，是社会广泛关注的焦点。电力交易工作政策性强、技术含量高，但目前国内几乎没有综合性描述电力市场的参考书，国外的电力市场书籍也未能符合中国国情，指导性不强。

本书编著过程中，紧密结合电力交易工作实际，基于最新电力市场政策文件，通过问答形式介绍了电力交易实际操作全流程和细节，尤其是在注册、交易、结算等基本环节运用了大量篇幅，阐释了电力市场运行以及电力交易工作开展的细节问题，同时描述了合规管理、平台建设、电力交易机构运营等方面内容，对电力现货市场、辅助服务市场、可再生能源消纳责任权重等新兴主题进行了前瞻性探索，阐述了一些基本概念和操作方法。

全书由陈向群、罗朝春编著，另由 22 位多年从事电力交易相关专业人员参加撰稿编写工作。其中，第一章和第十一章由陈向群、王娴编写，第五章由罗朝春编写，第二章由周涛、蒋磊、徐文超编写，第三章由张明敏、徐文超、肖聪、彭文彬编写，第四章由刘勇编写，第六章由陈洪荔、谭雯娟、万灿、周旭、樊芮编写，第七章由成涛编写，第八章由葛亮、唐烨、杨旭辉编写，第九章由徐文超、谭雯娟、樊芮、陈向群编写，第十章由刘永卫、周艳红、唐正荣编写，第十二章由张倜、唐烨、梁细华编写。

本书编写过程中得到了银车来、孟庆强、戴庆华、梁剑、刘志成、蒋冬、易胜利、袁劲松、任重、陈庆祺等人的垂注和指导，国网湖南省电力有限公司董事长孟庆强还在百忙之中为本书专门做了序。在此，作者一并谨致以诚挚的感谢。

由于作者经验和水平有限，加之成书时间仓促，不足之处恳请读者批评指正。

作　者

2021 年 7 月于长沙

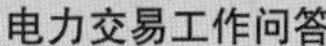

目录

第三章　电力中长期交易 …… 27

第九章　服务及信息公开 …………………………………………………… 106

第十二章　综合部分 …………………………………………… 142

第一章 概 述

1. 为什么要进行电力体制改革？

答：自改革开放以来，我国走上了市场化道路，电力行业作为国民经济的命脉，其发展好坏关系到国计民生。过去，我国电力体制实行计划经济，造成政企不分、厂网不分，企业效率不高、成本居高不下、服务水平低下，独家办电、电力供应短缺，严重影响经济社会发展和人民生活水平的提升。我国自2002年开始实施电力体制改革，其目的就是为了打破垄断、引入竞争、提高企业效率、降低成本、提高服务水平，促进资源优化配置。通俗地讲，就是利用市场经济，把买方和卖方汇聚在一起，互相交易并决定商品的价格和产量，解决生产什么、由谁生产、如何生产的问题，并通过这种博弈与决策行为，提高经济效率和服务水平。

2. 电力体制改革的总体思路、重点和基本原则是什么？

答：我国电力体制改革的总体思路是：坚持市场经济改革方向，根据我国国情，坚持清洁、高效、安全、可持续发展，全面实施国家能源战略，加快构建有效竞争的市场结构和市场体系，形成主要由市场决定能源价格的机制，转变政府对能源的监管方式，建立健全能源法治体系，为建立现代能源体系、保障国家能源安全营造良好的制度环境，充分考虑各方面诉求和电力工业发展规律，兼顾改到位和保稳定。通过改革，建立健全电力行业“有法可依、政企分开、主体规范、交易公平、价格合理、监管有效”的市场体制，努力降低电力成本、理顺价格形成机制，逐步打破垄断、有序放开竞争性业务，实现供应多元化，调整产业结构、提升技术水平、控制能源消费总量，提高能源利用效率和安全可靠性，促进公平竞争和节能环保。

我国电力体制改革的重点是：按照管住中间、放开两头的体制架构，“三放开”“一推进”“三强化”。“三放开”，即有序放开输配以外的竞争性环节电价，有序向社会资本放开配售电业务，有序放开公益性和调节性以外的发用电计划；“一推进”，即推进交易机构相对独立，规范运行；“三强化”，即进一步强化政府监管，进一步强化电力统筹规划，进一步强化电力安全高效运行和可靠供应。

我国电力体制改革的基本原则是：

（1）坚持安全可靠。体制机制设计遵循电力商品的实时性、无形性、供求波动性、同质化等技术经济规律，保障电能的生产、输送和使用动态平衡，保障电力系统安全稳定运行和电力可靠供应，提高电力安全可靠水平。

（2）坚持市场化改革。区分竞争性和垄断性环节，在发电侧和售电侧开展有效竞争，培育独立的市场主体，着力构建主体多元、竞争有序的电力交易格局，形成适应市场要求的电价机制，激发企业内在活力，使市场在资源配置中起决定性作用。

（3）坚持保障民生。结合我国国情和电力行业发展现状，充分考虑企业和社会的承受能力，保障基本公共服务的供给。妥善处理交叉补贴问题，完善阶梯价格机制，确保居民、农业、重要公用事业和公益性服务等用电价格相对平稳，切实保障民生。

（4）坚持节能减排。从实施国家安全战略全局出发，积极开展电力需求侧管理和能效管理，完善有序用电和节约用电制度，促进经济结构调整、节能减排和产业升级。强化能源领域科技创新，推动电力行业发展方式转变和能源结构优化，提高发展质量和效率，提高可再生能源发电和分布式能源系统发电在电力供应中的比例。

（5）坚持科学监管。更好地发挥政府作用，政府管理的重点放在加强发展战略、规划、政策、标准等的制定和实施，加强市场监管。完善电力监管机构、措施和手段，改进政府监管方法，提高对技术、安全、交易、运行等的科学监管水平。

3. 为什么要组建电力交易机构？

答：《中共中央、国务院关于进一步深化电力体制改革的若干意见》（中发〔2015〕9 号）要求建立相对独立的电力交易机构，形成公平规范的市场交易平台。

成立电力交易机构是电力体制市场化改革的需要。电力企业包括发电企业、电网企业、售电公司等。电力体制改革的一个重要方面是“放开两头、抓住中间”。为促进发电企业竞争，必须通过交易平台，撮合发电企业与代表电力用户的售电公司在平台进行交易，从而实现发电企业的有序竞争，实现资源优化配置和发电企业效率、效益提升。

电力交易机构的组建，是将原来由电网企业承担的交易业务从电网中剥离出来，按照政府批准的章程和规则组建股份制的交易机构，电力交易机构不以盈利为目的，为电力市场交易提供服务。相关政府部门依据职责对电力交易机构实施有效监管。电力交易机构可以由电网企业、第三方机构及发电企业、售电企业、电力用户等市场主体参股。在我国，2016 年各省纷纷成立了作为电网企业全资子公司的电力交易中心公司，2020 年开始进行第一轮股份制改造，改变了电网企业全资控股的局面，但占有股份大于 50%，处于绝对控股状态。为推进电力交易机构独立规范运行，确保电力交易公平、公正，2021 年进行第二轮股份制改造，电网企业股份占比下降至小于 50%，变为相对控股，确保电力交易的公正性。

4. 电力交易机构组建的指导思想和基本原则是什么？

答：电力交易机构组建的指导思想是：按照市场化改革方向和电力工业发展客观要求，以构建统一开放、竞争有序的电力市场体系为目标，组建相对独立的电力交易机构，搭建公开透明、功能完善的电力交易平台，依法依规提供规范、可靠、高效、优质的电力交易服务，形成公平公正、有效竞争的市场格局，促进市场在能源资源优化配置中发挥决定性作用和更好发挥政府作用。

电力交易机构组建的基本原则有：①平稳起步，有序推进。根据目前及今后一段时期我国电力市场建设目标、进程及重点任务，立足于我国现有网架结构、电源和负荷分布及其未来发展，着眼于更大范围内资源优化配置，统筹规划、有序推进交易机构组建工作，建立规范运行的全国电力交易机构体系。②相对独立，依规运行。将原来由电网企业承担的交易业务与其他业务分开，实现交易机构管理运营与各类市场主体相对独立。依托电网企业现有基础条件，发挥各类市场主体积极性，鼓励具有相应技术与业务专长的第三方参与，建立健全科学的治理结构。各交易机构依规自主运行。③依法监管，保障公平。交易机构按

照政府批准的章程和规则，构建保障交易公平的机制，为各类市场主体提供公平优质的交易服务，确保信息公开透明，促进交易规则完善和市场公平。政府有关部门依法对交易机构实施监管。

5. 电力交易机构的职责是什么？

答：交易机构不以营利为目的，在政府监管下为市场主体提供规范公开透明的电力交易服务，其主要职责包括：

（1）拟定交易规则。根据市场建设目标和市场发展情况，设计市场交易品种，编制市场准入、市场注册、市场交易、交易合同、交易结算、信息披露等规则，经政府主管部门批准后实施。

（2）市场成员注册管理。省级政府或由省级政府授权的部门，按年度公布当地符合标准的发电企业和售电主体，对用户目录实施动态监管。进入目录的发电企业、售电主体和用户可自愿到交易机构注册成为市场交易主体。交易机构按照电力市场准入规定，受理市场成员递交的入市申请，与市场成员签订入市协议和交易平台使用协议，办理交易平台使用账号和数字证书，管理市场成员注册信息和档案资料。注册成功的市场成员可通过交易平台在线参与各类电力交易，签订电子合同，查阅交易信息等。

（3）交易组织。发布交易信息，提供平台供市场成员开展双边、集中等交易。按照交易规则，完成交易组织准备，发布电力交易公告，通过交易平台组织市场交易，发布交易结果。

（4）合同管理。汇总电力用户与发电企业自主签订的双边合同，进行合同管理，并将合同向监管机构备案。

（5）交易计划编制与跟踪。根据各类交易合同编制日交易等交易计划，告知市场成员，并提交调度机构执行，跟踪交易计划执行情况，确保交易合同和优先发用电合同得到有效执行。

（6）交易结算。根据市场交易发展情况及市场主体意愿，逐步细化完善交易结算相关办法，规范交易结算职能。交易机构根据交易结果和执行结果，出具电量电费、辅助服务费及输电服务费等结算凭证。交易机构组建初期，可在交易机构出具结算凭证的基础上，保持电网企业提供电费结算服务的方式不变。

（7）信息发布。按照信息披露规则，及时汇总、整理、分析和发布电力交易相关数据及信息。

（8）交易平台建设与运维。逐步提高交易平台自动化、信息化水平，根据市场交易实际需要，规划、建设功能健全、运行可靠的电力交易技术支持系统。加强技术支持系统的运维，支撑市场主体接入和各类交易开展。

6. 电力交易机构的经营宗旨是什么？

答：电力交易机构的经营宗旨是：公开透明，规范运营，服务党和国家工作大局、服务经济社会发展、服务电力市场主体。

公开透明就是要公平、公正、公开、透明开展交易，明明白白交易、清清楚楚结算。规范运营就是要建立健全电力交易机构内控制度体系，按照国家和地方政府颁布、批准的有关规则开展工作。电力交易机构要服务党和国家工作大局，顺应电力体制改革要求，在电力系统高质量发展和建立以新能源为主体的新型电力系统建设中发挥作用。要通过市场交易，发挥市场在资源配置中的作用，努力提升效率、效益，服务经济社会发展。要牢牢树立服务理念，服务好电力市场各方主体。

7. 电力交易机构的经营范围是什么？

答：一般来说，电力交易机构的经营范围包括：

（1）电力市场建设与规则研究；

（2）电力交易平台建设、运营与管理；

（3）电力市场成员注册和管理；

（4）市场分析预测；

（5）交易组织；

（6）交易合同管理；

（7）交易计划编制与跟踪；

（8）交易结算；

（9）交易信息发布；

（10）市场评估与风险防控；

（11）合规管理与信用评价管理；

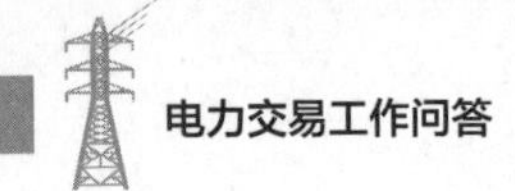

（12）市场服务及电力市场管理委员会日常工作等；

（13）主管部门及有关部门许可或委托的其他职能。

8. 电力交易机构与市场管理委员会、调度机构的关系是什么？

答：电力交易机构是为市场主体提供公平规范电力交易服务的专业机构，主要负责组织中长期市场交易，提供结算依据和服务；负责市场主体注册和管理，汇总电力交易合同，披露和发布市场信息等；配合调度机构组织现货交易和辅助服务市场建设。现货交易是指当天和前一天电力交易，即 $T+0$、$T+1$ 交易，而中长期市场交易是指前两天及以上电力交易，即 $T+2$ 及以上交易。无论哪种交易，结算依据均由电力交易机构提供。

市场管理委员会由电网企业、发电企业、售电企业、电力用户、交易机构、第三方机构等各方面代表组成，是独立于交易机构的议事协调机制。市场管理委员会主要负责研究讨论各类交易规则，协调电力市场相关事项，协助政府有关部门监督和纠正交易机构不规范行为；每个交易机构有对应的市场管理委员会，交易机构对应的市场管理委员会主任委员由国家能源局派出机构和所在地区政府有关部门提名，由各自市场管理委员会投票表决。市场管理委员会秘书处一般设在电力交易机构。

调度机构是电网经营企业和供电企业的重要组成部分，是电网运行的指挥中心，其根本职责是依法行使生产指挥权，对电网运行进行组织、指挥、指导和协调，负责电力电量平衡、发电生产组织、电力系统安全运行、电网运行操作和事故处理，依法依规落实电力市场交易结果，保障电网安全、稳定和优质、经济运行；负责现货交易和辅助服务市场建设。

9. 国家对电力交易机构独立规范运行的要求是什么？

答：按照“多元制衡”原则对交易机构进行股份制改造。股东应具备独立法人资格，可来自不同行业和领域，其中，单一股东持股比例不得超过50%。在股份制改造过程中，交易机构应依法依规修订完善公司章程，规范设立股东会、董事会、监事会和经理层，形成权责分明、相互制衡的公司法人治理结构和灵活高效的经营管理机制，实现作为独立法人和市场主体自主经营。应有针对性地制定完善相关规章制度，健全党建工作体系，把党的领导融入公司治理各环节，推动党建与业务有机融合，为党和国家方针政策的贯彻落实提供坚强的政治保证。

明确电力交易规则制定程序。电力交易规则由政府主管部门和监督机构组织制定，交易规则和细则批准实施后，交易机构无权变更；需要修订的，提请市场管理委员会审议后报原审定机构和部门批准。交易机构可结合业务实际情况提出完善电力交易规则和细则的建议。

规范交易机构的人员、资产和财务管理。交易机构的董事会成员由各股东单位推荐，不得同时兼任市场管理委员会成员；高级管理人员可由股东单位推荐、董事会聘任，也可由董事会市场化选聘；自 2020 年起，交易机构新进普通工作人员一律市场化选聘。根据行业实际情况，建立科学合理、具备竞争力的薪酬分配机制，保障交易机构从业人员的专业能力。交易机构应明晰资产管理关系，在现阶段，经市场管理委员会同意后，交易机构可与电网企业共享信息系统、交易系统等资产。交易机构应坚持非营利性定位，根据员工薪酬、日常办公、项目建设等实际需要，合理编制经费预算。与电网企业共用资产的交易机构原则上不向市场主体收取费用，所需费用计入输配电环节成本并单列，由电网企业通过专项费用支付。具备条件的交易机构经市场管理委员会同意，也可向市场主体合理收费，经费收支情况应向市场主体公开。

建立健全专业化监管体系。政府相关部门及能源监管机构建立健全对交易机构的专业化监管制度，进一步优化市场监管方式，确保任何部门和单位不得干预市场主体的合法交易行为，切实维护电力交易市场安全健康发展。发展第三方专业评估机构，形成政府监管与外部监督密切配合的综合监管体系。

10. 电力市场主体有哪些？

答：电力市场主体包括各类发电企业、电网企业、配售电企业、电力用户和储能企业等。各类发电企业包括火力发电企业、水力发电企业、风力发电企业、光伏发电企业、生物质发电企业、抽水储能发电企业等，随着“碳达峰”“碳中和”的提出，风、光等可再生能源发电越来越得到重视，我国将构建以可再生能源为主体的新型电力系统，储能企业将越来越多。

11. 电力市场成员包括哪两类？各有哪些？

答：电力市场成员包括市场主体和市场运行机构两类。

电力市场主体包括各类发电企业、电网企业、配售电企业、电力用户和储能企业等，市场运行机构包括电力交易机构、电力调度机构。

12. **电力市场分哪几类？**

答：电力市场分为电力批发市场和电力零售市场，电力批发市场的交易主体包括各类发电企业、电力用户、售电公司（配售电企业）、电网企业和储能企业等，电力零售市场的交易主体为电力用户、售电公司和电网企业等。

参加市场交易的发电企业、售电公司、电力用户应当是符合国家产业、环保、价格、信用和节能减排等相关政策要求，具有法人资格，财务独立核算，信用良好，能够独立承担民事责任的经济实体。内部核算的市场主体（电网企业保留的调峰调频电厂除外）经法人单位授权，可参与相应电力交易。市场主体资格采取注册制度，发电企业、售电公司、电力用户应符合国家有关电力市场交易的准入条件，并按程序完成注册后方可参与电力市场交易。

13. **电力交易有哪些种类？**

答：电力交易种类分中长期交易、辅助服务交易、现货交易。目前，中长期交易按时间分为年度交易、月前交易、月内交易，按标的物和性质分为中长期电能量交易、合同转让交易、发电权交易、专场交易等。辅助服务交易是指除正常电能生产、输送、使用外，为维护电力系统的安全稳定运行、保证电能质量，由发电企业、电网经营企业和电力用户提供的额外服务。现货交易是指日前和日内的电能量交易，目前还处于试点阶段。

第二章　电　力　市　场

1. 市场主体参与电力中长期交易的基本准入条件是什么？

答：市场主体应当是具有法人资格、财务独立核算、信用良好、能够独立承担民事责任的经济实体。内部核算的市场主体经法人单位授权，可参与相应电力交易。

2. 发电企业参与电力中长期交易的准入条件是什么？

答：（1）依法取得发电项目核准或者备案文件，依法取得或者豁免电力业务许可证（发电类）；

（2）并网自备电厂公平承担发电企业社会责任、承担国家依法依规设立的政府性基金及附加以及与产业政策相符合的政策性交叉补贴，取得电力业务许可证（发电类），达到能效、环保要求，可作为市场主体参与市场化交易；

（3）分布式发电企业符合分布式发电市场化交易试点规则的要求。

3. 售电公司参与电力中长期交易的准入条件是什么？

答：首先必须是依照《中华人民共和国公司法》登记注册的企业法人，经营范围包括电力销售等内容。售电公司分为无配电网运营经营权的售电公司和拥有配电网经营权的售电公司。

无配电网运营经营权的售电公司准入条件如下：

（1）资产要求。资产总额不得低于2千万元人民币。资产总额在2千万元～1亿元人民币的，可从事年售电量6亿～30亿kWh的售电业务；资产总额在1亿～2亿元人民币的，可从事年售电量30亿～60亿kWh的售电业务；资产总额在2亿元人民币以上的，不限制其售电量。

（2）从业人员。拥有10名及以上专业人员，掌握电力系统基本技术、经济专业知识，具备电能管理、节能管理、需求侧管理等能力，有3年及以上工作经验；至少拥有1名高级职称和3名中级职称的专业管理人员。

（3）经营场所和设备。应具有与售电规模相适应的固定经营场所及电力市场技术支持系统需要的信息系统和客户服务平台，实现参加市场交易的报价、信息报送、合同签订、客户服务等功能。

（4）信用要求。无不良信用记录，并按照规定要求做出信用承诺，确保诚实守信经营。

（5）法律、法规规定的其他条件。

拥有配电网经营权的售电公司除上述准入条件外，还需具备以下条件：

（1）拥有配电网运营权的售电公司的注册资本不低于其总资产的20%。

（2）按照有关规定取得电力业务许可证（供电类）。

（3）增加与从事配电业务相适应的专业技术人员、营销人员、财务人员等，不少于20人，其中至少拥有两名高级职称和5名中级职称的专业管理人员。

（4）生产运行负责人、技术负责人、安全负责人应具有5年以上与配电业务相适应的经历，具有中级及以上专业技术任职资格或者岗位培训合格证书。

（5）具有健全有效的安全生产组织和制度，按照相关法律规定开展安全培训工作，配备安全监督人员。

（6）具有与承担配电业务相适应的机具设备和维修人员。对外委托有资质的承装（修、试）队伍的，要承担监管责任。

（7）具有与配电业务相匹配并符合调度标准要求的场地设备和人员。

（8）承诺履行电力社会普遍服务、保底供电服务义务。

除电网企业存量资产外，现有符合条件的高新产业园区、经济技术开发区和其他企业建设、运营配电网的，履行相应的准入程序后，可自愿转为拥有配电业务的售电公司。

4. 电力用户参与电力中长期交易的准入条件是什么？

答：电力用户除满足基本准入条件外，还需满足以下条件：

（1）符合电网接入规范、满足电网安全技术要求，与电网企业签订正式供用电协议（合同）。

（2）经营性电力用户的发用电计划原则上全部放开。不符合国家产业政策的电力用户暂不参与市场化交易，产品和工艺属于淘汰类和限制类的电力用户严格执行现有差别电价政策。

（3）拥有燃煤自备电厂的用户应当按照国家规定承担政府性基金及附加、政策性交叉补贴。

（4）具备相应的计量能力或者替代技术手段，满足市场计量和结算的要求。

5. 电力用户注册为直接交易大用户需要哪些条件？

答：（1）电力用户符合电力市场化交易的基本准入条件；

（2）供电电压等级在35kV及以上；

（3）选择参与批发交易，直接向发电企业购电。

6. 用电电压等级10kV及以下的电力用户参与电力市场化交易为何需要售电公司代理？

答：10kV及以下电压等级的电力用户规模较小且无电力市场专业人才，独立参与市场不但增加其人工成本，而且独自承担偏差考核能力较弱，因此参与电力市场直接交易风险较大。目前，电力市场还处在起步阶段，尚需大力培育。因此，暂规定10kV及以下的电力用户原则上须由售电公司代理参与市场交易。

7. 电力用户参与市场交易有哪些收益与风险？

答：主要收益是：通过建立电力市场，把电力的定价权交给市场，反映市场供求关系。在当前整体电力供应宽松的形势下，电力用户通过市场化交易有机会获得比目录电价更低的用电价格。当电力供求关系波动时，电力用户的购电价格也将随之或高或低波动。因此，开展电力中长期交易只是政府提供了一个市场交易的机制，而不能把电力中长期交易理解为政府出台的降电价政策。

主要风险是：电力用户原则上符合市场准入条件的全电量应参与市场交易，中途不得随意退出，无正当理由退市的，由为其提供输配电服务的电网企业承担保底供电责任。其保底价格在电力用户缴纳输配电价的基础上，按照政府核定的目录电价的1.2倍执行。原则上，原法人以及其法人代表3年内不得再选择市场化交易，由电力交易机构进行注销，并向社会公示。其中，对强制退出的市场主体除了按合同约定承担相应违约责任外，电力交易机构还应提出处罚建议报政府主管部门和电力监管机构批准后执行。此外，根据偏差电量考核的机制，实际用电量超过或低于合同电量时需支付相应的偏差考核费用，因此电力用户对全年用电量须有较为准确的判断。

8. 如何注册一个售电公司？

答：注册一个售电公司的流程如下：

(1) 在当地工商部门完成工商登记，经营范围包括电力销售等内容；已有公司可办理新增项目，新增经营范围包括电力销售等。

(2) 办理售电增项业务的发电企业，应当分别以发电企业和售电公司的市场主体类别进行注册。

(3) 准备好符合准入条件的相关证明材料，递交至政府主管部门申请准入审核。

(4) 电力交易机构为经政府主管部门审核通过的售电公司提供注册服务。

9. 市场主体参与电力市场化交易注册流程是什么？

答：市场主体参与电力市场化交易，应当符合准入条件，在电力交易机构办理市场注册，按照有关规定履行承诺、公示、注册、备案等相关手续。市场主体应当保证注册提交材料的真实性、完整性。具体流程如下：

(1) 市场主体提前准备注册需提交的材料，办理第三方数字证书（零售用户无需办理第三方数字证书），填写基础信息资料和编写相关说明性材料，相关资料需本单位法定代表人（或授权委托人）签字并加盖单位公章。

(2) 市场主体自行登录本省电力交易平台，根据网站提示线上办理用户注册手续，录入信息并上传附件。零售用户需在电力交易平台提交电网企业营销系统户号及查询密码，获取营销系统的计量点档案信息，完成用电单元信息登记。零售用户可授权售电公司代办。

(3) 电力交易机构在收到市场主体提交的注册申请和相关资料后，原则上在5个工作日内完成注册资料的形式审查。对资料不全和不合规范的，退回市场主体补充资料，市场主体完成资料补充可重新提交。

(4) 电力交易机构将市场主体提交的相关材料进行公示。公示期满无异议的，市场主体注册自动生效，电力交易机构为其交易账号配置权限；公示期间存在异议的，注册暂不生效，市场主体可自愿提交补充材料并申请再次公示。

10. 发生哪些注册信息变化时必须申请走信息变更流程？

答：信息变更包括但不限于：

（1）因新建、扩建、兼并、重组、合并、分立等导致市场主体股权、经营权、营业范围发生变化的；

（2）企业更名、法人变更的；

（3）发电企业通过设备改造、大修、变更等，关键技术参数发生变化的；

（4）售电公司注册资本、资产总额、实缴资本、股东构成、统一社会信用代码变更的；

（5）其他与市场准入资质要求相关的信息变更等。

11. 市场主体注册信息变更流程是什么？

答：变更流程如下：

（1）已在电力交易机构注册的市场主体注册信息发生变化时，应在规定时间内向电力交易机构申请变更。如果市场主体类别、法人、业务范围、公司股东等有重大变化的，市场主体应再次予以承诺、公示。公示期满无异议的，电力交易机构对注册信息变更申请及变更情况进行确认并向社会发布。

（2）若市场主体注册信息发生变化而未在电力交易机构进行信息变更，或者需要补充相关信息而未及时补充的，经核实后电力交易机构将情况报当地省能源监管办、省发展改革委和省能源局，并通过电力交易平台网站对外进行通报。该情况视为提供虚假信息报征信机构处理。

（3）市场主体须及时根据实际情况对电力交易平台的注册信息进行动态更新，因注册信息未及时更新而与实际信息不一致的，由市场主体自行承担相应责任。

（4）电力用户或售电公司关联的用户发生并户、销户或者用电类别、电压等级等信息变化时，市场主体在营销系统办理变更，同时在电力交易机构办理注册信息变更手续。

12. 附件信息变更，平台提示文件类型不合法如何处理？

答：所有扫描件档案用作交易平台的附件并上传，需采用 PDF 格式，各扫描件单独分开整理，图片清晰且命名为“××公司营业执照”“××公司授权委

托书”等。单个文件大小不能超过5M，务必正确命名以便识别。

13. 未及时向电力交易机构提出变更申请，对参与交易有影响吗？

答：市场主体注册信息发生变化而未在电力交易平台办理信息变更，或者需要补充相关信息而未及时补充的，经核实后电力交易机构将情况报能源监管机构、政府有关部门，并通过电力交易平台网站对外进行通报。该情况视为提供虚假信息，需报征信机构对信用进行重新评级。

14. 参加电力直接交易的法定代表人、经办人、交易员可以是同一个人吗？可以有多名交易员吗？

答：公司法定代表人可以直接作为代表公司参加交易的经办人和交易员，也可以依法授权其他人员办理交易业务。被授权的经办人和交易员可以是同一个人，且可以有多名交易员。

15. 电力用户注册信息里的用电单元是指什么？

答：用电单元是用电户号下计量不同用电成分的电表编号，是电力用户用电计量表计的唯一标志。用电户号又叫用电编号，是供电企业给每位电力用户的数字编号，是电力用户用电账户的唯一标志。户号与电表编号是唯一的。一个用电户号可对应多个用电单元，用电单元的命名原则为“公司名称+用户编号”。

16. 电力用户的用电户号的账号、密码在哪里查询？

答：用电户号是用户向供电企业提交用电申请时，供电企业在录入相应的管理系统时随机生成的一组有规律的数字，对应用户提交申请的用电人姓名、住址、联系电话等。

用电户号的查询途径：

（1）在电费发票（右下角“备注”栏）、电费收据（左上角“客户号”）、催费通知单（左上角第一行）、智能交费短信（短信内容）查看户号。

（2）通过网上国网App查询，具体方式有：从电费账单等信息中查看相应户号、使用App绑定户号页面的扫描按钮扫描客户家电表上的条形码查询、输入户名与住宅地址进行模糊查询等。

（3）拨打供电服务热线电话95598，提供用户注册时相关信息进行查询。

（4）前往当地供电营业厅查询，并携带以下资料：本人办理携带本人身份证；代办需携带户主个人签字的身份证复印件、授权委托书、经办人身份证。

服务密码获取途径：

（1）通过供电服务热线电话 95598 查询、重置用电查询密码。

（2）通过“当地（省）电力微信公众号→营业厅→我要留言”渠道获取服务密码。

（3）前往当地供电营业厅查询，并携带相关证件及资料。

17. 市场主体入市协议需要提前签字盖章吗？

答：需要。建议市场主体在注册地电力交易机构的官方网站下载市场主体入市协议模版，正确填写有关内容并签章后，与纸质注册资料一并提交电力交易机构。

18. 授权委托书的有效期怎么填写？

答：授权委托书应注明授权事项、授权有效期，有效期应至少截至注册事项办理完毕之前。

19. 已注册市场主体的承诺书已到期， 是否需要重新签署？

答：目前，市场主体承诺书没有限期。当市场主体信息有重大变更或者不再满足承诺书有关事项时，应主动向注册地交易中心报告，并重新签署并承诺履行公示流程。

20. 注册是先交电子档资料还是纸质资料？市场主体注册后需要提交纸质资料吗？

答：拟参加电力交易的市场主体对照本省市场化交易准入条件，按照“一承诺、一注册、一公示、三备案”的流程自行登录电力交易平台，根据网站提示线上办理用户注册手续，录入信息并上传附件资料，确认无误后保存并提交电力交易机构审核。

线上流程完成后，按本省电力交易机构要求提交相关资料。

如湖南省的发电企业、售电公司、直接交易用户须前往电力交易机构递交已签字盖章的入市承诺书及相关纸质资料进行一致性审查。零售用户无需递交纸质资料。

21. 数字证书（电子钥匙）有什么用？该如何办理？

答：按照《中共中央、国务院关于进一步深化电力体制改革的若干意见》（中发〔2015〕9号）的要求，全国统一电力市场支撑平台采用数字证书作为外网用户登录凭证。客户如登录使用系统，需提前办理数字证书。数字证书办理流程如下：

（1）市场主体向注册地交易机构或指定的电力交易资料收集审核代理公司提交数字证书（智能密码钥匙）申请材料。

（2）交易机构或指定的电力交易资料收集审核代理公司收到材料后进行资质审核；如审核未通过，联系客户申请表中的联系人，重新提交申请材料。

（3）市场主体办理证书前需提前交费。

（4）市场主体缴费后，交易机构或指定电力交易资料收集审核代理公司开始制作智能密码钥匙（1～3个工作日）。

（5）办理完成后，交易机构或指定电力交易资料收集审核代理公司会将智能密码钥匙和发票单据一起寄回至申请表中所填的通信地址。

22. 注册工作和办理数字证书可以同时进行吗？

答：可以。电子钥匙由交易机构或指定电力交易资料收集审核代理公司办理，无需市场主体在电力交易机构的注册证明。

23. 数字证书已经办下来后，下一步应该怎样操作？

答：市场主体在电力交易机构完成市场化注册后，需使用数字证书方可登录电力交易平台。市场主体在收到数字证书后，向业务所在地的电力交易机构递交数字证书绑定申请，完成数字证书与注册主体的绑定，由电力交易机构为其配置相关权限。

24. 一个市场主体可办理几把电子钥匙？

答：一个市场主体的电力交易平台注册账号对应一个数字证书。如业务有需求，可向电力交易机构申请配置多个账号，分别绑定数字证书。

25. 数字证书的证书DN在哪里查询？

答：数字证书编号是指数字证书外观可见的编号，证书DN即证书唯一标识，是数字证书插入电脑后，通过电脑证书管理工具在证书“详细信息”的“主题”或“使用者”字段获取。同时能获取到数字证书的有效期限。

26. 忘记电力交易平台的登录密码怎么处理？

答：由拥有该账号的市场主体向电力交易机构递交签字盖章的重置密码申请表，申请重置密码。

27. 忘记数字证书登录密码怎么处理？

答：向注册地交易机构或交易机构指定的电力交易资料收集审核代理公司提交数字证书（智能密码钥匙）申请材料。

28. 外省售电公司通过电力交易平台推送注册， 是否需要重新注册？能否开展售电业务？

答：按照《售电公司准入与退出管理办法》，外省售电公司通过电力交易平台推送至本省的不需要重新注册，一地注册、多地共享。能否开展售电业务需要根据当地售电公司准入与退出实施细则的要求确定。

29. 电力用户注册资料可以邮寄至电力交易机构吗？

答：可以。相关注册纸质资料可以通过邮寄方式递交至电力交易机构。

30. 电力市场主体注册模版在哪下载？

答：在本省电力交易机构电力交易平台网站，按市场主体类别分别下载相对的注册指南及相关模版文件压缩包。

31. 已参与电力市场化交易的市场主体自动退市的条件是什么？

答：已经选择电力市场化交易的发电企业和电力用户，原则上不得自行退出市场。无正当理由退市的电力用户，原则上原法人以及其法人代表三年内均不得再选择市场化交易，由为其提供输配电服务的电网企业承担保底供电责任，其保底价格在电力用户缴纳输配电价的基础上，按照政府核定的目录电价的 1.2 倍执行。

有下列情形之一的，可办理正常退市手续，在办理正常退市手续后，执行国家有关发、用电政策：

（1）市场主体宣告破产，不再发电、用电或者经营；

（2）因国家政策、电力市场规则发生重大调整，导致原有市场主体非自身原因无法继续参加市场的情况；

（3）因电网网架调整，导致发电企业、电力用户的发用电物理属性无法满足所在地区的市场准入条件。

售电公司的退市条件是：售电公司可以自愿申请退出售电市场，申请退出之前应将所有已签订的交易合同履行完毕或转让，并处理好相关事宜。

32. 市场主体在哪些情况下会被强制退市并注销注册？

答：在电力交易机构注册的市场主体有下列情形之一的，应强制退出市场并注销注册：

（1）不符合国家产业、环保、价格、信用和节能减排等相关政策要求的；

（2）未按规定履行信息披露义务、拒绝接受监督检查、隐瞒有关情况或者以提供虚假申请材料等方式违法违规进入市场，且拒不整改的；

（3）严重违反市场交易规则、发生重大违约行为、恶意扰乱市场秩序，且拒不整改的；

（4）依法被撤销、解散，依法宣告破产、歇业的；

（5）因自身原因不能持续保持准入条件、企业违反信用承诺且拒不整改或信用评价降低为不适合继续参与市场交易的；

（6）法律、法规规定的其他情形。

33. 市场主体的退市流程是什么？

答：发电企业和电力用户的退市流程：发电企业和电力用户在符合正常退市条件的情况下，应提前向电力交易机构提交退出申请。申请内容包括：市场退出原因；与其他市场主体之间的交易及结算情况；尚未履行的市场交易合同及对未履行合同的处理协议。

电力用户无法履约的，应以书面形式告知电网企业、相关售电公司、电力交易机构以及其他相关方，将所有已签订的购售电合同履行完毕或转让，并处理好相关事宜。

电力交易机构收到发电企业和电力用户自愿退出市场的申请后，通过电力交易机构网站、“信用中国”等网站向社会公示。公示期满无异议的，方可退出市场；公示期间存在异议的，由政府主管部门或能源监管机构核实处理。

34. 市场主体退出电力市场化交易后应执行哪些规定？

答：应执行如下规定：

（1）该市场主体必须按照规定，停止其在市场中的所有交易活动；

（2）市场主体在办理退出手续后 15 个工作日内，必须结清与所有相关市场主体的账目及款项；

（3）注册资格退出后，该市场主体应将所有已签订的交易合同履行完毕或转让，并按合同约定承担相应违约责任，妥善处理相关事宜；

（4）市场主体退出后，该市场主体在其资格停止前与另一市场主体存在的争议按照此前合同约定解决。

35. 零售市场交易购售电关系管理包括哪些内容？

答：主要包括零售用户与售电公司的购售电关系的建立、变更、解除。其中：建立购售电关系是指电力用户由非市场化用户或直接交易用户选择一家售电公司签订购售电意向协议，转为零售用户；变更购售电关系是指零售用户重新选择售电公司，签订购售电意向协议，建立新的购售电关系；解除购售电关系是指零售用户转为非市场化用户或直接交易用户。

36. 零售用户与售电公司建立购售电关系时应同时满足哪些条件？

答：应该满足以下条件：

（1）申请用户符合电力零售市场准入条件；

（2）申请用户无欠费，无业扩及变更类在途流程；

（3）申请用户与其他用户不存在转供用电关系；

（4）申请用户已与售电公司签订购售电合同；

（5）售电公司已在电力交易机构完成市场注册；

（6）直接交易用户在电力交易机构完成直接交易注销后，可提出申请转为零售用户。

37. 零售用户与售电公司变更购售电关系时应同时满足哪些条件？

答：应该满足以下条件：

（1）申请用户无欠费，无业扩及变更类在途流程；

（2）申请用户拟转至的售电公司已在电力交易机构注册；

（3）申请用户应提供与原售电公司解除购售电合同的证明材料；

（4）申请用户已与新售电公司签订购售电合同。

38. 零售用户与售电公司解除购售电关系时应同时满足哪些条件？

答：应该满足以下条件：

（1）申请用户无欠费，无业扩及变更类在途流程；

（2）申请用户应提供与原售电公司解除购售电合同的证明材料。

39. 当售电公司无法继续提供售电服务，或按国家规定的程序强制退出市场时，其绑定用户如何处理？

答：当售电公司无法继续提供售电服务，或按国家规定的程序强制退出市场时，售电公司可以将原已签订的购售电合同转让给其他售电公司或者按照合同约定的条款终止合同，与其零售用户解除购售电关系，完成电量及费用清算。电网企业按照政府部门的委托或要求，根据电力交易机构提供的售电公司市场注销证明，启动保底供电服务时，应将与该售电公司建立购售电关系的零售用户转为保底供电用户，执行目录电价。

40. 零售购售电关系建立的流程是什么？

答：（1）已注册的零售用户与售电公司自主协商签订购售电意向协议，并准备购售电关系签约登记资料。

（2）售电公司登录电力交易平台，选择零售用户及其用电单元，上传购售电意向协议原件的扫描件，发起建立绑定关系流程，零售用户在平台中确认绑定关系后，提交电力交易机构审批；电力交易机构可视情况通知售电公司提交购售电意向协议原件进行一致性审查。电力交易机构在规定时间内完成审批并发送至电网企业营销部门。

（3）电网企业营销部门自收到登记结果起，在规定时间内发起电网企业、零售用户和售电公司三方市场化零售业务协议电子协议网签流程，零售用户和售电公司在规定时间内完成协议签订，在电网企业营销部门建立市场化零售用户和售电公司的购售电关系。若零售用户或售电公司没有按时完成三方协议签订，原则上该用户次月做非市场化用户处理，按原目录电价执行。

（4）电网企业营销部门归档三方市场化零售业务协议，提交电力交易机构备案，完成零售用户、售电公司的购售电关系绑定。当月完成购售电关系登记和三方协议签订，次月生效。

41. 零售购售电关系变更的流程是什么？

答：（1）零售用户购售电意向协议、三方市场化零售业务协议到期，或与原签约售电公司协商解除尚未到期的购售电关系后，可以重新选择售电公司并签订零售交易合同及购售电意向协议。

（2）售电公司登录电力交易平台，选择零售用户及其用电单元，上传购售电意向协议，发起建立绑定关系流程，零售用户在平台中确认绑定关系后，提交电力交易机构审批。电力交易机构在受理签约登记后在规定时间内完成审批并发送至电网企业营销部门。

（3）电网企业营销部门收到登记结果后在规定时间内发起电网企业、零售用户和售电公司三方市场化零售业务协议电子协议网签流程，零售用户和售电公司需在规定时间内完成协议签订，在电网企业营销部门建立市场化零售用户和售电公司的购售电关系。若零售用户或售电公司没有按时完成三方协议签订，原则上该用户次月做非市场化用户处理，按原目录电价执行。

（4）电网企业营销部门归档三市场化零售业务方协议，并提交电力交易机构备案，完成零售用户、售电公司的购售电关系绑定。当月完成购售电关系登记和三方协议签订，次月生效。

42. 零售购售电关系解除的流程是什么？

答：（1）零售用户购售电意向协议、三方市场化零售业务协议到期，或与原签约售电公司协商解除尚未到期的购售电关系后，可以转为非市场化用户或直接交易用户。

（2）零售用户购售电意向协议未到期，且已生效 6 个月以上的，可同原售电公司协商签订购售电意向解除协议，并在交易平台发起解绑流程，提交电力交易机构及电网企业营销部审批，申请解除尚未到期的购售电关系。

（3）对于零售用户转为直接交易用户的，需要到电力交易机构办理直接交

易用户注册，并提交零售用户与原售电公司解除购售电关系的证明材料；电力交易机构办理注册程序后，将办理结果通知电网企业营销部门。

43. 全国统一电力市场总体运营模式是什么？

答：全国统一电力市场的总体框架为“统一市场、两级运作”。“统一市场”体现在统一市场框架、统一核心规则、统一运营平台、统一服务规范，支撑能源资源在全国范围内优化配置。“两级运作”体现在统一市场分为省间交易和省内交易两级运营，两级交易运营之间有效衔接。

44. 全国统一电力市场建设 “三统筹、三提升” 是指什么？

答：“三统筹”是指统筹省间交易与省内交易、中长期交易与现货交易、市场交易与电网运营。“三提升”是指提升可再生能源消纳水平、市场透明开放程度、市场风险控制能力。

45. 为什么要开展中长期市场连续运营？

答：中长期市场连续运营工作是贯彻落实国家发展改革委对电力中长期交易提出的“六签”要求的具体行动，有利于解决当前电力交易面临的一些问题，如：交易组织周期过长，难以满足市场主体灵活交易需求；分时段交易组织机制尚不完善，难以发挥市场决定价格的关键作用；交易合同调整机制尚不健全，市场主体缺少防范违约风险的市场化手段；偏差结算机制尚未建立，合同执行缺少正向激励措施。

开展中长期市场连续运营工作，就是要推进中长期交易向更短周期延伸、向更细时段转变，健全合同灵活调整机制，完善偏差结算机制，保障中长期合同诚信履约。通过中长期市场连续运营，可以进一步深化电力市场建设，推动形成长期平稳合理的电力价格，保障电力及上下游产业运行秩序，促进中长期交易与现货交易有效衔接。

46. 如何开展中长期市场连续运营？

答：一是修编中长期交易规则及其实施细则；二是规范中长期交易合同签订，按照范本做好合同签订，全面推行电子合同；三是加快新一代交易平台单轨制运行，提升中长期市场连续运营技术支撑能力；四是加强与政府部门汇报沟通，主动对尚无政策文件支撑的规则、机制开展研究工作，积极为政府主管部门决策提供参考方案；五是做好市场运营分析，强化对市场运营成效、运营关键指标和存在的问题分析，提出有效应对措施，并同步完善相关市场规则机制和平台功能；六是组织做好市场培训，做好规则、方案宣贯和解读，编写市场交易指南、新平台使用手册等教材，组织开展多轮次模拟交易；七是做好信息披露工作，提升市场透明度，加强信息发布的规范性、准确性、及时性和全面性。

47. 哪些用户属于经营性电力用户？

答：除居民、农业、重要公用事业和公益性服务等行业电力用户以及电力生产供应所必需的厂用电和线损之外，其他电力用户均属于经营性电力用户。

48. 经营性电力用户是否都可以参与电力市场交易？

答：不是。经营性电力用户中，不符合国家产业政策的电力用户暂不参与市场化交易，产品和工艺属于最新版《产业结构调整指导目录》中淘汰类和限制类的电力用户严格执行现有差别电价政策。

符合阶梯电价政策的企业用户在市场化电价的基础上继续执行阶梯电价政策。

49. 拥有燃煤自备电厂的企业在何种情况下可以参与市场交易？

答：拥有燃煤自备电厂的企业按照国家有关规定承担政府性基金及附加、政策性交叉补贴、普遍服务和社会责任，按约定向电网企业支付系统备用费，取得电力业务许可证，达到能效、环保要求，成为合格市场主体后，有序推进其自发自用以外电量按交易规则参与交易。为促进和鼓励资源综合利用，对回收利用工业生产过程中产生可利用的热能、压差以及余气等建设相应规模的余热、余压、余气自备电厂，继续实施减免系统备用费和政策性交叉补贴等相关支持政策。

50. 经营性电力用户全面放开参与市场化交易的主要形式有哪些？

答：经营性电力用户全面放开参与市场化交易的主要形式有直接参与、由售电公司代理参与、其他根据实际情况研究明确的市场化方式等，中小用户可根据自身实际自主选择，也可以放弃选择权，保持现有的购电方式。

51. 如何做好规划内清洁电源的优先发电？

答：重点考虑核电、水电、风电、太阳能发电等清洁能源的保障性收购。核电机组发电量纳入优先发电计划，按照优先发电、优先购电计划管理有关工作的要求做好保障消纳工作。在水电消纳条件较好地区，根据来水情况，兼顾资源条件、历史均值和综合利用等要求，安排优先发电计划；在水电消纳受限地区，以近年发电量为基础，根据市场空间安排保量保价的优先发电计划，保量保价之外的优先发电量通过市场化方式确定价格。风电、太阳能发电等新能源，在国家未核定最低保障收购年利用小时数的地区，按照资源条件全额安排优先发电计划；在国家核定最低保障收购年利用小时数的地区，结合当地供需形势合理安排优先发电计划，在国家核定最低保障收购年利用小时数内电量保量保价收购的基础上，鼓励超过最低保障收购年利用小时数的电量通过参与市场化交易方式竞争上网。

52. 电力市场管理委员会的组成和职责是什么？

答：市场管理委员会由电网企业、发电企业、售电企业、电力用户、交易机构、第三方机构等各方面代表组成，是独立于交易机构的议事协调机制。市场管理委员会主要负责研究讨论各类交易规则，协调电力市场相关事项，协助政府有关部门监督和纠正交易机构的不规范行为；健全重大事项决策流程和表决机制，确保议事程序公开透明、公平合理，切实保障市场主体的合法权益。

53. 制定电力交易规则的程序是什么？

答：制定电力交易规则应当公开、公平、公正，符合市场化原则和电力商品技术特性。国家发展改革委、国家能源局、财政部会同区域性交易机构、电网企业、发电企业等制定电力交易基本规则和跨省区交易规则；省（自治区、直辖市）内交易细则由国家能源局派出机构和地方政府有关部门组织交易机构在基本规则框架下起草，并由相应的市场管理委员会进行初步审议，经国家能源局派出机构和所在省（自治区、直辖市）政府有关部门审定后执行。交易规则和细则批准实施后，交易机构无权变更；需要修订的，提请市场管理委员会审议后，报原审定机构和部门批准。交易机构可结合业务实际情况提出完善电力交易规则和细则的建议。

54. **交易组织实施中，交易机构和调度机构如何协同配合**？

答：交易机构、调度机构负责电力市场运行组织，及时发布市场信息，组织市场交易，根据交易结果制定交易计划。交易机构与调度机构要密切配合，充分考虑电力网架结构、安全供电标准、调度运行体系等实际情况，基于安全约束条件组织电力交易，切实保障电力安全稳定供应。调度机构要严格按照交易规则开展包括日前、日内、实时电量交易及辅助服务在内的现货交易出清和执行，并将出清和执行结果提交给交易机构。电力网架结构、技术支持系统、交易机构专业能力等条件较为成熟的地区，应适时探索由交易机构组织开展日前交易。市场交易如可能引发安全风险，调度机构必须按照“安全第一”原则进行调度。当发生重大突发事件或电力供应出现较大缺口等特殊情况时，政府有关部门可依法依规暂停市场交易，组织实施有序用电。

55. **什么是需求侧响应和需求侧管理**？

答：需求侧响应是用户根据实时电价、相关激励措施，主动做出调整用电需求的反应。需求侧管理是指加强全社会用电管理，综合采取合理、可行的技术和管理措施，优化配置电力资源，在用电环节制止浪费、降低电耗、移峰填谷、促进可再生能源电力消费、减少污染物和温室气体排放，实现节约用电、环保用电、绿色用电、智能用电、有序用电。

56. **什么是虚拟电厂技术**？

答：虚拟电厂是通过先进通信技术和软件架构，实现地理位置分散的各种分布式电源、储能系统、可控负荷、电动汽车等不同类型的分布式能源的聚合和协调优化，以作为一个特殊电厂参与电力市场和电网运行的电源协调管理系统。它的概念更多强调的是对外呈现的功能和效果，更新运营理念并产生社会经济效益，符合中国电力发展的需求与方向。

57. **什么是风光水火储一体化**？

答：风光水火储一体化侧重于电源基地开发，结合当地资源条件和能源特点，因地制宜采取风能、太阳能、水能、煤炭等多能源品种发电互相补充，并适度增加一定比例储能，统筹各类电源的规划、设计、建设和运营。

58. 什么是源网荷储一体化和多能互补？

答：源网荷储一体化是指通过优化整合本地资源，以先进技术突破和体制机制创新为支撑，探索源网荷储高度融合的电力系统发展路径，强调发挥负荷侧调节能力、就地就近灵活坚强发展及激发市场活力，引导市场预期。多能互补是指利用存量常规电源，合理配置储能，统筹各类电源规划、设计、建设和运营，优先发展新能源，强化电源侧的灵活调节作用，优化电源配比，确保电源基地送电可持续性。

59. 储能有哪些形式？

答：储能可分为物理、电磁、电化学和相变储能四大类型。其中，物理储能包括抽水蓄能、压缩空气储能和飞轮储能；电磁储能包括超导、超级电容和高能密度电容储能；电化学储能包括铅酸、镍氢、镍镉、锂离子、钠硫和液流等电池储能；相变储能包括冰蓄冷储能等。

第三章　电力中长期交易

1. 什么是电力中长期交易？

答：电力中长期交易是指符合准入条件的发电企业、电力用户、售电公司等市场主体，通过双边协商、集中竞价、挂牌交易等市场化方式，开展的多年、年、季、月、周、多日等日以上的电力、电量交易。电力中长期交易一般指当日前两天及以上时间组织的交易。

执行政府定价的优先发电电量和分配给燃煤（气）机组的基数电量（二者统称为计划电量）视为厂网双边交易电量，签订厂网间购售电合同，相应合同纳入电力中长期交易合同管理范畴。

2. 为什么要开展电力中长期交易？

答：2015 年 3 月中共中央、国务院下发了《中共中央、国务院关于进一步深化电力体制改革的若干意见》（中发〔2015〕9 号），把市场化改革作为深化电力体制改革的主要目标。市场化改革就是要还原电力的商品属性，建立电力市场体系，而电力中长期交易就是电力市场体系中的初级形态。随着市场体系的完善，后期还会有电力现货交易市场。

电力中长期交易允许电力用户直接从发电企业买电，发用电双方约定电量、电价，电网公司只收取电能输配环节国家核定的固定服务费用，改变了电力用户只能从电网公司按照国家核定的价格购买电能、发电企业只能按照国家核定的价格卖电给电网公司的统购统销模式。

就用户而言，电力中长期交易改变的是电力用户购电的途径和方式，改变的是电价的形成机制，但是并没有改变对用户的供电方式。

3. 中长期电力市场成员有哪些？

答：市场成员分为市场主体和市场运营机构两类。市场主体包括各类发电企业、电力用户、售电公司（配售电企业）、电网企业和储能企业等。市场运营机构包括电力交易机构和电力调度控制中心。

4. 中长期电力市场中各方的权力和义务包括什么?

答：发电企业的权利和义务：

（1）按照规则参与电力市场交易，签订和履行各类交易合同，按时完成电费结算；

（2）获得公平的输电服务和电网接入服务；

（3）签订并执行并网调度协议，服从电力调度机构的统一调度；

（4）按照电力企业披露和报送等有关规定，披露和提供信息，获得市场交易和输配电服务等相关信息；

（5）具备满足参加市场化交易要求的技术支持手段；

（6）法律法规所赋予的其他权利和义务。

电力用户的权利和义务：

（1）按照规则参与电力市场交易，签订和履行购售电合同、输配电服务合同和供用电合同，提供中长期交易电力电量需求、典型负荷曲线及其他生产信息；

（2）获得公平的输配电服务和电网接入服务，按时支付市场交易电量电费、输配电费、政府性基金与附加等；

（3）依法依规披露和提供信息，获得市场交易和输配电服务等相关信息；

（4）服从电力调度机构的统一调度，在系统特殊运行状况下（如事故、严重供不应求等）按电力调度机构的要求安排用电；

（5）遵守电力需求侧管理的有关规定，执行有序用电管理要求，配合开展错峰避峰用电；

（6）依法依规履行清洁能源消纳责任；

（7）具备满足参加市场化交易要求的技术支持手段；

（8）法律法规规定的其他权利和义务。

售电公司的权利和义务：

（1）按照规则参与电力市场化交易，签订和履行市场化交易合同，按照有关规定提供履约担保，按时完成电费结算；

（2）依法依规披露和提供信息，在政府指定网站上公示公司资产、经营状况等情况和信用承诺，依法对公司重大事项进行公告，并定期公布公司年报；

（3）按照规则向电力交易机构、电力调度机构提供签约零售用户的交易电力电量需求、典型负荷曲线以及其他生产信息，获得市场化交易、输配电服务和签约市场主体的基础信息等相关信息，承担用户信息保密义务；

（4）依法依规履行清洁能源消纳责任；

（5）具备满足参与市场化交易要求的技术支持手段；

（6）拥有配电网运营权的售电公司承担配电区域内电费收取和结算业务，提供供电服务，并与所辖电力用户签订供用电合同；向电力交易机构提供其配电区域内支撑市场化交易和市场服务所需的相关数据，按照国家网络安全有关规定实现与电力交易机构的数据交互；

（7）遵守电力需求侧管理的有关规定，配合执行有序用电管理要求，配合开展错峰避峰用电；

（8）法律法规规定的其他权利和义务。

电网企业的权利和义务：

（1）保障电网及输配电设施的安全稳定运行；

（2）负责为市场主体提供公平的输配电服务和电网接入服务，提供报装、计量、抄表、收费等各类供电服务；

（3）负责建设、运行、维护、管理电网配套的技术支持系统，服从电力调度机构的统一调度；

（4）按照电力企业信息披露和报送等有关规定，披露和提供信息，向电力交易机构提供支撑市场化交易和市场服务所需的相关数据，按照国家网络安全有关规定实现与电力交易机构的数据交互；

（5）收取输配电费，代收代缴电费和政府性基金与附加等，并按规定及时完成电费结算；

（6）按照政府定价或者政府有关规定向优先购电用户以及其他不参与市场交易的电力用户（简称非市场用户）提供供电服务，签订和履行供用电合同、购售电合同等；

（7）预测并确定非市场用户的电力、电量需求；

(8) 依法依规履行清洁能源消纳责任；

(9) 法律法规所赋予的其他权利和义务。

电力交易机构的权利和义务：

(1) 参与拟定电力中长期交易规则；按照交易规则，拟定电力中长期交易实施细则；

(2) 负责各类市场主体的注册管理，提供注册服务；

(3) 按照规则组织电力市场交易，编制交易计划，并负责各类交易合同的汇总管理；

(4) 提供电力交易结算依据以及相关服务，按照规定收取交易服务费；

(5) 建设、运营和维护电力市场交易技术支持系统（简称电力交易平台），按规定向发电企业、大用户和售电公司开放相关数据交互接口；

(6) 按照电力企业信息披露和报送等有关规定，披露和发布信息，提供信息发布平台，为市场主体信息发布提供便利，获得市场成员提供的支撑市场化交易以及服务需求的数据等；

(7) 配合能源监管办、省发展改革委、省能源局，对市场规则进行分析评估，提出修改建议；

(8) 监测和分析市场运行情况，做好市场运营分析评价相关工作，按有关程序依法依规干预市场，防控市场风险，并于事后及时向当地省能源监管办、省发展改革委、省能源局报告；

(9) 配合能源监管办，对市场主体和相关从业人员违反交易规则、扰乱交易秩序等违规行为进行报告和配合调查；

(10) 配合政府有关部门，建立市场主体信用评价管理制度，开展电力市场主体信用评价工作；

(11) 法律法规所赋予的其他权利和义务。

电力调度机构的权利和义务：

(1) 负责调度管辖范围内的安全校核；

(2) 按调度规程实施电力调度，负责系统实时平衡，保障电网安全稳定运行；

(3) 向电力交易机构提供安全约束条件和必开机组组合、必开机组发电量需求、影响限额的停电检修、关键通道可用输电容量等有关数据，配合电力交

易机构履行市场运营职能；

（4）合理安排电网运行方式，保障电力交易结果的执行（因电力调度机构自身原因造成实际执行与交易结果有偏差时，由电力调度机构所在电网企业承担相应的经济责任），保障电力市场正常运行；

（5）按照电力企业信息披露和报送等有关规定，披露和提供电网运行的相关信息，提供支撑市场化交易以及市场服务所需的相关数据，按照国家网络安全有关规定实现与电力交易机构的数据交互；

（6）法律法规所赋予的其他权利和义务。

5. 电力中长期交易有哪些交易方式和交易品种？

答：电能量交易方式包括双边协商交易和集中交易两种方式。

双边协商交易是指市场主体之间自主协商交易电力电量、电价，形成双边协商交易初步意向后，在规定的交易时间内提交电力交易平台，经安全校核和相关方确认后形成的交易。双边协商交易适用于各类交易品种，零售市场交易一般以双边协商方式为主。

集中交易是指设置交易报价提交截止时间，市场主体通过电力交易平台申报电量和电价，电力交易平台按照市场规则进行市场出清，经安全校核后，确定最终的成交对象、电量和价格等的交易。

现阶段电力中长期交易品种主要包括电能量交易、发电权交易、合同转让交易、专场交易、应急交易，根据市场发展需要可开展可再生能源超额消纳量、输电权、容量等交易。

6. 中长期电力交易周期和交易次序是怎样的？

答：电力中长期交易主要按年度和月度开展，也可根据实际需要和基本条件，按照年度以上、多月或月度以下周期开展交易。一般来说，年度交易的周期含多年或6个月及以上，月度交易的周期含6个月以下的多月，月内交易的周期含周、多日等日以上。交易次序按照先双边协商交易后集中竞价交易组织开展年度、月度交易、月内交易。

7. 中长期电力市场交易组织的一般流程是怎样的？

答：一般流程分为交易准备、发布公告、交易申报、出清计算、安全校核、

结果发布六个环节：

（1）交易准备。按照职责分工，市场运营机构开展电力电量平衡分析、电网输送能力分析、检修计划编制、发电企业可交易电量测算、电力用户和售电公司用电需求汇总等工作，形成交易组织方案、编制市场交易公告。

（2）发布公告。经能源监管机构和政府相关主管部门批准后，电力交易机构通过电力交易平台发布交易公告，包括交易标的（含电力、电量和交易执行时间等）、交易组织程序（含申报起止时间等）、交易出清方式、价格形成机制、参与交易的市场主体名单、电力供需形势预测、电网运行与输送能力等信息。

（3）交易申报。市场主体按照有关规定，通过电力交易平台申报各类交易意向、交易需求。市场主体对所申报的数据负责，以申报截止前最后一次的有效申报作为最终申报。所有的时间记录以电力交易平台或电力交易机构的时间为准。具备条件时，按要求分月分时段申报电量（电力）、价格（价差）。

（4）出清计算。电力交易机构对双边协商交易意向进行汇总，确定各交易主体的交易电量（电力）、电价；对集中交易，电力交易机构基于电力调度机构提供的安全约束条件，按照规则出清计算。具体出清计算方法在实施细则中予以明确。

（5）安全校核。电力交易机构将交易出清预成交结果提交电力调度机构。电力调度机构应在规定期限内完成安全校核，形成交易结果，返回电力交易机构。

（6）结果发布。在规定时间内，电力交易机构通过电力交易平台发布交易结果，电力交易平台自动生成电子化合同，并报能源监管办备案。

8. 电力中长期交易对市场主体购入或售出电能量有限制吗？

答：有。同一市场主体可根据自身电力生产或者消费需要，购入或者售出电能量。为降低市场操纵风险，发电企业在单笔电力交易中的售电量不得超过其剩余最大发电能力，购电量不得超过其售出电能量的净值（指多次售出、购入相互抵消后的净售电量）。电力用户和售电公司在单笔电力交易中的售电量不得超过其购入电能量的净值（指多次购入、售出相互抵消后的净购电量）。

除电网安全约束外，不得限制发电企业在自身发电能力范围内的交易电量

申报；发电权交易、合同转让交易应当遵循购售双方的意愿，不得人为设置条件，原则上鼓励清洁、高效机组替代低效机组发电。

9. **电力中长期交易是否能进行限价**？

答：分具体情况。除国家有明确规定的情况外，双边协商交易原则上不进行限价。集中竞价交易中，为避免市场操纵及恶性竞争，可对报价或者出清价格设置上、下限。价格上、下限原则上由相应电力市场管理委员会提出，经国家能源局派出机构和政府有关部门审定，应当避免政府不当干预。

10. **电力中长期交易的批发交易和零售交易分别指什么**？

答：电力批发交易是指发电企业与售电公司或电力大用户通过市场化方式进行的电力交易活动的总称。

电力零售交易是指售电公司与电力用户（简称零售用户）通过市场化方式进行的电力交易活动的总称。

11. **批发交易中的购销价差模式和顺价模式分别是什么**？

答：顺价模式是指用户电度电价等于批发市场价格加上输配电价和政府基金及附加。交易时，售电方直接报价，用户报价需要扣除对应输配电价和政府性基金及附加。

价差模式是指发电侧降多少价，购电方就降低多少价，即将发电侧降价空间直接传导给购电方。售电方和购电方在交易报价时分别以核定上网电价和目录电价为标杆价，申报与标杆价的差值，即价差。

12. **批发交易中市场主体如何申报交易意向**？

答：市场主体按照交易公告规定的方式，向电力交易机构申报交易意向，基本要求如下：

申报电量的单位为兆瓦时（千千瓦时），不保留小数；申报电力的单位为兆瓦（千千瓦），不保留小数；申报价格的单位为元/兆瓦时，保留两位小数。

采用购销价差模式的电力批发交易中，双边协商、集中竞价、挂牌交易的申报均采用价差申报方式。卖方（发电企业）申报相对政府批复上网电价的价差，买方（直接交易用户和售电公司）申报相对市场购电基准价的价差，电价上浮为正，电价下浮为负。集中竞价、挂牌交易的限价范围在交易公告中明确。

采用顺价模式的电力批发交易则可以直接申报售电价，售电价加上输配电价和政府基金及附加后得到购电价。

13. 参与电力交易的用户购电价格如何确定？

答：参与电力市场交易的用户购电价格由市场交易价格、输配电价、辅助服务费用、政府性基金与附加等构成，其中，购电价格指用户的到户电度电价，在价差模式下，市场交易价格一般由购电基准价（销售目录电度电价-输配电价-政府性基金与附加）加上交易价差确定，输配电价、政府性基金与附加执行政府核定标准。现阶段，对于参与电力市场交易的用户，基本电价、峰谷分时电价、功率因数调整电费等继续执行价格主管部门相关政策，用户购电价格作为平段电价，峰、谷电价按现有峰谷电价政策计算。后期，如果按照峰、平、谷分时段组织交易或交易约定了电力曲线，则电力用户在执行峰谷电价的基础上执行分时段交易降价，发电侧和用电侧的电量均按分时段交易电价结算。

14. 批发市场中，发电企业与售电公司的交易价差如何确定？

答：批发市场中，发电企业与用户、售电公司的交易价差通过市场化方式确定。其中，双边协商交易的交易价差由发电企业与用户或售电公司自主协商确定，按照双方合同约定执行。集中竞价交易的交易价差由电力交易平台出清计算确定，出清算法原则上采用统一出清法，也可以采用高低匹配法。定价方式挂牌交易的交易价差按照挂牌价差确定。竞价方式挂牌交易的交易价差由电力交易平台出清计算确定。

15. 零售市场中，用户的交易价差如何确定？

答：零售市场中，用户的交易价差由用户与售电公司协商确定。零售市场用户与售电公司达成交易后，由售电公司通过电力交易平台申报交易价差。

16. 什么是电能量交易？

答：电能量交易是指符合准入条件的发电企业与电力用户（售电公司）经双边协商、集中竞价、挂牌等方式达成的电力电量、电价的购售交易。电能量交易包括双边协商交易和集中交易两种方式。

17. 什么是双边协商交易？

答：双边协商交易是指市场主体之间自主协商交易电力电量、电价，形成

双边协商交易初步意向后，在规定的交易时间内提交电力交易平台，经安全校核和相关方确认后形成的交易。双边协商交易适用于各类交易品种，零售市场交易一般以双边协商方式为主。

18. 集中交易有哪些方式？

答：集中交易包括集中竞价交易、滚动撮合交易和挂牌交易三种形式。

集中竞价交易是指设置交易报价提交截止时间，市场主体通过电力交易平台申报电量、电价，电力交易平台按照市场规则进行市场出清，经安全校核后，确定最终的成交对象、电量和价格等的交易。

滚动撮合交易是指在规定的交易起止时间内，市场主体可以随时提交购电或者售电信息，电力交易平台进行滚动撮合成交的交易。

挂牌交易是指市场主体通过电力交易平台，将需求电力电量或者可供电力电量的数量和价格等信息对外发布要约，由符合资格要求的另一方提出接受该要约的申请。挂牌交易分为定价挂牌交易和竞价挂牌交易。采取定价挂牌交易时，摘牌方不申报电价，仅申报电力电量；竞价挂牌交易主要用于发电侧竞价上网，需同时申报电力电量、电价。

19. 交易成功后，如何签订合同？

答：双边协商交易、集中竞价交易均需通过交易平台申报，电力交易平台自动生成三方的电子交易合同，市场主体在交易平台确认即可。企业的交易代码、交易时间、交易密码及CFCA（China Financial Certification Authority，中国金融认证中心）数字证书被视为该企业的电子签名，企业登录电力交易平台，输入交易指令并达成交易即视为该企业签署电子交易合同，电子交易合同如同书面合同一样有效。

20. 双边协商交易合同的签订流程是怎样的？

答：双边协商交易合同的签订流程为：购售双方协商→达成交易意向→通过电力交易平台提交→电力调度机构安全校核→交易结果发布→签订电子合同。

21. 电子交易合同在哪里查询？

答：使用电子钥匙登录电力交易平台，在合同模块中可查询本企业签订的相关合同。

22. 什么是发电权交易?

答：发电权交易是指发电企业之间开展的转让基数电量（发电量指标）合同的交易。

23. 发电权转让有哪些注意事项?

答：发电权转让是发电企业之间电量转让，原则上由出让发电企业在电力交易平台填报需要转让的发电量和厂用电率，由受让的发电企业确认，最后成交结果为上网电量。

24. 什么是专场交易?

答：专场交易是指部分市场主体参与的，促进部分产业发展，有利于可再生能源消纳、扩大用电需求，同时提高发电企业设备利用率的交易。例如，部分省的扩需增发交易、电解铝专场交易、大数据专场交易、新兴产业交易、风电减弃扩需交易、电动汽车绿电交易。

25. 什么是扩需增发交易?

答：扩需增发交易是以促进工业企业恢复生产、拉动用电需求、提高发电企业设备利用率、减少弃水弃风风险为目的，对电价敏感的停产、减产用户实施降低电价措施，促进企业复产增产的交易品种。以湖南为例，符合专场交易准入条件的用电企业，火电、水电、风电、光伏电站等发电企业可以参与按月组织的扩需增发专场交易，专场交易降价幅度大于普通中长期交易，有利于促进企业复工复产，促进清洁能源替代。

26. 扩需增发交易的准入条件是什么?

答：扩需增发交易的准入条件可由各省电力市场管委会或电力交易中心提出，最终由各省电力主管部门批准执行。一般情况，扩需增发交易的准入条件如下：

参与扩需增发交易的用户应符合国家产业、环保政策，完成市场准入及注册，满足以下条件之一：

（1）复产企业：交易月的合同容量为 4000kVA 及以上或供电电压等级为 35kV 及以上。

（2）电能替代企业：供电电压等级为10kV及以上，申请进入专场交易前一年内有新增用电容量，且新增中变频炉及电阻炉总功率占此次新增容量40%及以上的锻、铸造行业电能替代用户。

符合交易准入条件的用户，经市级政府初审推荐、电力市场管理委员会审核后，列入扩需增发专场交易用户准入目录。准入目录用户参与交易的时间一般不超过3年。

27. 扩需增发交易如何进行？

答：进行扩需增发交易时，在交易组织前应公布参与交易的用户名单和发电企业名单。交易优先采用双边协商方式组织，如果双边协商交易不能满足准入用户的用电需求，则增加发电侧单边集中竞价。发电侧单边集中竞价的组织流程如下：

（1）电力交易机构汇总准入用户（售电公司）申报的交易电量需求，形成挂牌电量，计算各发电企业申报电量限额，通过交易公告发布挂牌电量、各发电企业申报电量限额等信息。

（2）发电企业在电量限额、价差限额范围内申报交易电量和交易价差。

（3）按照价差优先、申报时间优先、环保节能优先的原则和统一边际电价方式进行交易预出清计算，确定发电企业中标电量、价差。

28. 什么是应急外送交易？

答：应急外送交易是指面对突发事件如省内清洁能源电厂发电空间不足或省外电力供需不平衡时采取的紧急外送交易。

清洁能源应急低价外送交易是指电网风电、光伏、水电在省内发电空间不足，发生或即将发生弃风、弃光、弃水，为减少弃风、弃光、弃水，在有限的时间内通过市场机制向省外市场售出电量的短期减弃增发应急交易，以提高省内可再生能源消纳能力的交易。一般交易价格较低。

应急高价支援外省交易是指本省电力存在富余，外省电力供应紧张，临时支援外省的交易。一般交易价格较高。

29. 什么时候启动清洁能源外送应急交易？

答：清洁能源外送应急交易一般在省内清洁能源难以全额消纳时或者电力

供应紧张、存在缺口时启动。具体来说，以下两个条件同时具备时，可以启动清洁能源外送应急交易。

（1）参与应急交易的水电站、风电场、光伏电站发生弃水、弃风、弃光，或即将发生弃水、弃风、弃光，并提出交易申请；或电网企业根据来水情况提出启动应急交易，并有水电、风电、光伏企业响应。

（2）统调公用火电厂运行方式已调整为当时电网安全控制要求或调峰要求的最小方式，抽水蓄能充分调用，已最大限度调减外省送入电量，无法再腾出空间消纳省内水电、风电、光伏电量。

30. 哪些发电企业可以参加应急外送交易？

答：参与清洁能源应急外送交易的发电企业有风电、光伏、水电企业。参与应急支援外省交易一般由电网公司代理本省火电发电企业参与外送。

31. 应急外送时交易电量如何计算？

答：向省外市场售出弃电电量以电网企业与省外购电方签订的短期购售电合同以及实际售出电量为准。

参与应急交易的各水电、风电、光伏企业（以下公式计算中统称电厂）之间售出弃电电量的分割按各水电、风电、光伏企业非市场交易电量与装机容量等比例分配的原则实施。各水电、风电、光伏企业售出弃电电量的计算公式如下：

$$Q_{\text{I应急}}=Q_{\text{I}}-Q_{\text{I其他}}-(Q-Q_{\text{其他}}-Q_{\text{应急}})W_{\text{I}}/W$$

式中：$Q_{\text{I应急}}$为电厂 I 日应急交易电量；W 为当日参与交易的电厂总装机容量（扣除参与省内交易的电厂装机容量）；W_{I} 为参与交易的电厂 I 的装机容量（扣除参与省内交易的装机容量）；Q 为参与交易的电厂当日实际上网电量（根据调度 EMS 电量折算上网电量）；$Q_{\text{其他}}$为参与交易的电厂当日其他市场交易合同电量（根据其他市场交易合同分解电量）；Q_{I} 为电厂 I 当日实际上网电量（根据调度 EMS 电量折算上网电量）；$Q_{\text{应急}}$为当日向省外售减弃应急电量（含输电损耗电量，下同）；$Q_{\text{I其他}}$为电厂 I 当日其他市场交易合同电量（根据其他市场交易合同分解电量）。

其中：

参与省内交易的装机容量＝电厂当月省内月度（年度）市场交易电量/（当

月总自然小时数×当日统调发电负荷率）

式中：当月总自然小时数为当月总天数×24 小时。

上述公式中各分量以电厂为单位提取，提取上网电量时段原则上应与向省外售减弃应急电量发生时段一致。各电厂当日应急交易电量应按向省外售的减弃应急电量分时比等比例计算各时段电量。在应急交易期内，当参与应急交易的电厂中某电厂大发而其他参与应急交易的电厂发电少时，该电厂当日应急交易电量最大为$Q_{应急}$，当参与应急交易的电厂少发或当日无应急交易电量时，该电厂当日应急交易电量最小为零。

当按上述公式计算，参与应急交易的电厂合计应急交易电量大于向省外售电电量总量时，等比例调减至相等。

32. 应急外送交易如何停止？

答：因电力市场、雨情及水情预测等发生变化，引起应急外送交易任一启动条件消失时，电力交易机构应及时向参与交易的有关企业通报相关情况，交易各方以统调电网是否需要继续销售弃电电量为原则，共同协商确定是否继续或结束本次交易。

33. 什么是风电减弃扩需交易？

答：风电减弃扩需交易是为优化利用清洁能源，提高风电发电量，减少风电弃风，采取扩大用电需求，降低企业用能成本，促进经济高质量发展和节能减排的交易品种。风电减弃扩需交易分为省内和省外两种交易方式。

34. 如何参加风电减弃扩需交易？

答：一般来说，市场主体满足参加风电减弃扩需交易的条件为：①发电企业为已在交易机构完成注册的风电企业；②电力用户必须满足供电电压等级为 35kV 及以上或合同容量 4000kVA 及以上，或是外省电网企业。

参加风电减弃扩需交易的电量界定：①省内电力用户增量电量的认定，是以电力用户月电量为基数，用电增量电量认定为扩需电量；②省外扩需电量界定，包括谷段外送扩需电量和非谷段外送扩需电量。

自愿参加风电减弃扩需交易的风电企业在组织专场交易前，需签订承诺书。

35. 什么是风电充电交易？

答：风电充电交易为了减少低谷时段风电弃电电量，将充电负荷转移至低谷时段，降低电网峰谷差，提高运行效率，促进清洁能源消纳的同时实现移峰填谷的交易品种。

36. 什么是负荷聚合商？

答：负荷聚合商是需求响应资源的整合者，其通过专业技术评估用户的需求响应潜力，整合分散的需求响应资源来参与电力系统运营，同时也是提供可调度发电容量或辅助服务的大型发电商或负荷资源。

37. 风电充电交易的准入条件是什么？

答：风电充电交易的交易主体包括电力用户、发电企业、售电公司和负荷聚合商。一般来说，电力用户的准入条件是：

（1）经政府主管部门备案公示；

（2）供电电压等级 10kV 及以上；

（3）在电网公司营销系统中单独立户、单独计量，且具备分时段计量技术条件；

（4）充电设施接入负荷聚合平台，并能依托平台有效实现可控柔性负荷的聚合。

发电企业的准入条件是：完成市场注册并入市的风电企业。

售电公司的准入条件是：进入省级能源局的售电公司准入目录并完成市场注册，代理的用户充电电量可参与本交易。

负荷聚合商的准入条件是：

（1）具备聚合分散电力用户充电负荷的能力；

（2）与省级充电设施智能服务管理平台互联互通，实现充电数据全管控；

（3）实时接受电网调度指令，实现电动汽车与电网能量互动、移峰填谷；

（4）负荷聚合平台的建设须满足《电动汽车充换电服务信息交换》（T/CEC 102. X-2016）的要求；

（5）负荷聚合平台免费提供接入及其信息服务。

38. 风电充电交易如何进行？

答：风电充电交易的基本流程如下：

（1）参与交易的电力用户需在交易前与售电公司、电网企业、负荷聚合商签订四方协议。

（2）交易机构汇总用户（售电公司）申报的交易电量需求，计算各发电企业申报电量限额，通过交易公告发布交易电量需求和申报电量限额。

（3）按照价差优先、时间优先的原则和统一边际电价方式进行交易预出清计算，确定发电企业中标电量、价差。

（4）交易采用双边协商或集中竞价模式组织。

（5）发电企业参与交易集中竞价申报，如果发电企业持留电量（申报电量为达到限额）且用户（售电公司）申报电量未足额成交，交易机构将各风电企业持留电量和限价起始值的 1.2 倍作为发电侧申报电量和价差，用户（售电公司）的未成交申报电量和价差作为用户侧申报数据，进行二次出清计算，确保本交易全电量成交。

39. 什么是合同转让交易？

答：合同转让交易是指符合准入条件的发电企业、电力用户和售电公司将其持有的交易合同电量的部分或全部，通过市场化方式转让给符合条件的其他市场主体的交易。发电企业之间、电力用户（售电公司）之间可以通过合同电量转让实现互保。

40. 合同转让的具体截止时间是什么？

答：根据《电力中长期交易基本规则》（发改能源规〔2020〕889 号）的规定，允许发用双方在协商一致的前提下，可在合同执行一周前进行动态调整。

以湖南电力市场为例，考虑到次月发电计划的安排时间，月前合同转让截止时间为每月 23 日（节假日顺延），月内合同转让截止时间为每月 26 日（节假日顺延）。

41. 怎样进行合同转让填报和确认？

答：合同转让原则上在交易规则和交易公告规定的时间内，出让方在电力交易平台填报拟转让的合同编号、电量，受让方确认；也可由受让方填报，出

让方确认。

42. **合同转让的交易标的有哪些**？

答：原则上，合同转让的交易标的为当月全部市场合同电量，但个别省份也有所不同。如湖南省合同转让交易标的规定如下：

（1）发电企业合同转让交易标的为湖南省本年度基数合同电量和本月市场交易合同电量，可再生能源发电企业合同转让仅限于本月市场交易合同电量；

（2）售电公司合同转让交易标的为本月月度交易合同电量；

（3）合同转让交易标的不包括专场交易电量。

43. **合同转让的限额有哪些要求**？

答：《电力中长期交易基本规则》（发改能源规〔2020〕889号）对合同转让限额没有明确要求，各省结合本省情况，有一定的差别，都会在本省交易规则中予以明确。一般来说：

（1）批发市场电力用户（售电公司）之间转让电量占转让方当月购电量的比例原则上不超过20%；

（2）发电企业转让电量占转让方当月市场合同电量的比例可适度设定上限，根据实际情况在实施细则或交易公告中予以明确（现阶段为50%）。

44. **什么是出让方、受让方、出让价格、受让价格**？

答：出让方是指在合同电量转让市场卖出合同电量的发电企业、用户或售电公司。

受让方是指在合同电量转让市场买入合同电量的发电企业、用户或售电公司。

出让价格是指出让方收取的替代发电补偿价格或者收取的替代用电补偿价格。

受让价格是指受让方支付的替代发电补偿价格或者支付的替代用电补偿价格。

45. **市场交易价格如何确定**？

答：批发市场中，双边协商交易的交易价格由发电企业与用户或售电公司自主协商确定，按照合同约定执行。集中竞价交易的交易价格由电力交易平台

出清计算确定。出清算法原则上采用统一出清法，也可以采用高低匹配法。定价方式挂牌交易的交易价格按照挂牌价格确定。竞价方式挂牌交易的交易价格由电力交易平台出清计算确定。

46. 集中竞价交易方式的价格出清机制包括哪些?

答：集中竞价交易方式的价格出清机制包括统一出清和高低匹配出清两种。这两种机制以“价差优先、时间优先、环保优先”为原则，依次按顺序对购方申报队列和售方申报队列中的电量进行匹配。其中，统一出清算法根据最后一个匹配对形成的匹配价差确定市场统一出清价差，所有成交电量均按这个价差出清。高低匹配出清算法采用不同的匹配价格对应的匹配电量出清，其中，匹配电量为购方申报电量与售方申报电量的较小值，匹配价格＝售方申报价格＋（购方申报价格－售方申报价格）×0.5。

47. 集中竞价统一出清如何计算?

答：集中竞价统一出清计算以“价差优先、时间优先、环保优先”为原则。

（1）按照购电申报价差由高到低的顺序对电力用户、售电公司的申报电量进行排序，价差相同时按照最终申报时间早者优先的原则排序，价差、时间均相同时暂将多个申报电量合并，由此形成价差单调递减的购方申报电量队列。在成交结果出来后，对于价差、时间均相同的合并申报电量，根据申报电量比例将成交电量分配给电力用户和售电公司。

（2）按照售电申报价差由低到高的顺序对发电企业的申报电量排序，价差相同时按照最终申报时间早者优先的原则排序，价差、时间均相同时按照“可再生能源优先，节能环保优先”的原则排序；当以上条件均相同时，暂将多个申报电量合并，由此形成价差单调递增的售方申报电量队列。在成交结果出来后，对于不同发电企业的合并申报电量，根据申报电量比例将成交电量分配给不同发电企业。

（3）依次按顺序对购方申报队列和售方申报队列中的电量进行匹配。匹配方法是：从购方申报队列、售方申报队列中分别取排在最前面的申报数据，如果能够从购方申报队列和售方申报队列中取到数据，则进行下一步计算；如果购方申报队列或售方申报队列中的数据已经全部取完，则结束匹配计算。

(4) 比较购电报价(价差)和售电报价(价差),进行以下计算:

如果购电报价(价差)不低于(≥)售电报价(价差),则按以下方法确定匹配对的电量和价差:匹配电量 $Q_{匹配}$ 等于购方申报电量与售方申报电量的较小值,即 $Q_{匹配}=\min\{Q_{购方申报}, Q_{售方申报}\}$;匹配价差 $P_{匹配}$ 由购电报价(价差)$P_{购方申报}$、售电报价(价差)$P_{售方申报}$、竞价差值系数 $K_{竞价差值}$ 确定,即 $P_{匹配}=P_{售方申报}+(P_{购方申报}-P_{售方申报})K_{竞价差值}$。购方或售方未匹配的剩余电量进入相应队列的最前方,并回到上一步继续取数据。

如果购电报价(价差)低于(<)售电报价(价差),则结束匹配计算。

其中,竞价差值系数 $K_{竞价差值}$ 原则上取 0.5,也可随市场交易供需情况调整,由电力交易机构在市场交易公告中发布。

(5) 根据各市场主体的匹配电量形成无约束成交易结果,经电力调度机构进行安全校核后,根据最后一个匹配对形成的匹配价差确定市场统一出清价差 $P_{统一出清}$,即 $P_{统一出清}=P_{匹配(最后)}$,所有成交电量均按这个价差出清,各市场主体的成交电量等于通过安全校核的匹配电量。市场主体实际成交价格根据统一出清价差、电厂的政府批复上网电价(基数电量电价)、用户的购电基准价等进行折算。

48. 集中竞价高低匹配如何计算?

答:出清计算以“价差优先、时间优先、环保优先”为原则。

(1) 按照购电申报价差由高到低的顺序对电力用户、售电公司的申报电量进行排序,价差相同时按照最终申报时间早者优先的原则排序,价差、时间均相同时暂将多个申报电量合并,由此形成价差单调递减的购方申报电量队列。在成交结果出来后,对于价差、时间均相同的合并申报电量,根据申报电量比例将成交电量分配给电力用户和售电公司。

(2) 按照售电申报价差由低到高的顺序对发电企业的申报电量进行排序,价差相同时按照最终申报时间早者优先的原则排序,价差、时间均相同时按照“可再生能源优先,节能环保优先”的原则排序;当以上条件均相同时,暂将多个申报电量合并,由此形成价差单调递增的售方申报电量队列。在成交结果出来后,对于不同发电企业的合并申报电量,根据申报电量比例将成交电量分配

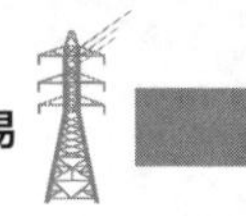

给不同发电企业。

（3）依次按顺序对购方申报队列和售方申报队列中的电量进行匹配，匹配方法如下：

1）从购方申报队列、售方申报队列中分别取排在最前面的申报数据。如果能够从购方申报队列和售方申报队列中取到数据，则进行下一步计算；如果购方申报队列或售方申报队列中的数据已经全部取完，则结束匹配计算。

2）比较购电报价（价差）和售电报价（价差），进行以下计算：

如果购电报价（价差）不低于（≥）售电报价（价差），则按以下方法确定匹配对的电量和价差：匹配电量 $Q_{匹配}$ 等于购方申报电量与售方申报电量的较小值，即 $Q_{匹配}=\min\{Q_{购方申报}, Q_{售方申报}\}$；匹配价差 $P_{匹配}$ 由购电报价（价差）$P_{购方申报}$、售电报价（价差）$P_{售方申报}$、竞价差值系数 $K_{竞价差值}$ 确定，即 $P_{匹配}=P_{售方申报}+(P_{购方申报}-P_{售方申报})K_{竞价差值}$。购方或售方未匹配的剩余电量进入相应队列的最前方，并回到上一步继续取数据。

如果购电报价（价差）低于（<）售电报价（价差），则结束匹配计算。

其中，竞价差值系数 $K_{竞价差值}$ 随市场交易供需情况调整，由电力交易机构在市场交易公告中发布。

（4）各市场主体的匹配电量形成无约束交易结果，并经过电力调度机构安全校核后，确定各市场主体的成交电量及其实际成交价（价差）。各市场主体的成交电量等于通过安全校核的匹配电量 $Q_{匹配}$ 之和，匹配电量 $Q_{匹配}$ 的成交价（价差）等于匹配价（价差）$P_{匹配}$，即不同匹配电量的价格（价差）不同。市场主体实际成交价格根据匹配价差、电厂的政府批复上网电价（基数电量电价）、用户的购电基准价等进行折算。

49. 定价方式挂牌交易出清如何计算？

答：对于定价方式挂牌交易，电力交易平台发布用电需求电量（或发电可供电量、辅助服务）、价差等信息，符合资格要求的另一方市场主体通过竞争获得电量（或其他辅助服务），交易价差固定为发布的价差。因此，市场主体参与定价方式挂牌交易时不需要申报电价（价差），仅需要申报电量。

原则上，定价方式挂牌交易的出清计算采用“时间优先、环保优先”的方

法；也可以采用按申报电量比例分配挂牌电量的出清方法。对于定价方式挂牌交易，挂牌电量、挂牌电价、出清方式由安排挂牌交易的政府部门或提出挂牌交易申请的市场主体确定，电力交易机构在市场交易公告中发布相关内容。

“时间优先、环保优先”方法的计算过程如下：

(1) 对于发电企业参与的交易，首先按照最终申报时间的先后顺序对申报电量进行排序；如果申报时间相同，按照“可再生能源优先，节能环保优先”的原则排序；当以上条件均相同时，暂将多个申报电量合并；由此形成申报电量队列。在成交结果出来后，对于合并计算的申报电量，根据申报电量比例将成交电量分配给发电企业。

(2) 对于电力用户和售电公司参与的交易，首先按照最终申报时间的先后顺序对申报电量进行排序；当申报时间相同时暂将多个申报电量合并，由此形成申报电量队列。在成交结果出来后，对于合并计算的申报电量，根据申报电量比例将成交电量分配给电力用户和售电公司。

(3) 依次从申报电量队列中取电量数据，并相应增加预成交电量队列数据。当预成交电量之和等于电力交易平台发布的挂牌交易需求电量（或发电可供电量、辅助服务），或者申报电量队列中的数据全部取完，则结束出清计算。电力交易平台关闭摘牌申报。

(4) 各市场主体的预成交电量经过电力调度机构安全校核后，确定各市场主体的成交电量及实际成交价格，其中，实际成交价格根据挂牌价差、电厂的政府批复上网电价（基数电量电价）、用户的购电基准价等进行折算。

50. 竞价方式挂牌交易出清如何计算？

答：对于竞价方式挂牌交易（也称为单边集中竞价交易），电力交易平台发布用电需求电量（或发电可供电量、辅助服务）、价差上限或下限等信息，符合资格要求的另一方市场主体申报电量和电价（价差），通过竞争获得电量（或其他辅助服务）。竞价方式挂牌交易可以选择按统一价差出清或按申报价差出清，挂牌电量、挂牌限价、出清方式由提出挂牌交易安排的政府部门或提出挂牌交易申请的市场主体确定，电力交易机构在市场交易公告中发布相关内容。

(1) 统一价差出清。出清计算以“价差优先、时间优先、环保优先”为原则。

第一步，对于发电企业参与的交易，按照申报价差由低到高的顺序对申报电量排序，价差相同时按照最终申报时间早者优先的原则排序，价差、时间均相同时按照“可再生能源优先，节能环保优先”的原则排序；当以上条件均相同时，暂将多个申报电量合并，由此形成价差单调递增的售方申报电量队列。在成交结果出来后，对于不同发电企业的合并申报电量，根据申报电量比例将成交电量分配给不同发电企业。

对于电力用户、售电公司参与的交易，按照申报价差由高到低的顺序对申报电量进行排序，价差相同时按照最终申报时间早者优先的原则排序，价差、时间均相同时暂将多个申报电量合并，由此形成价差单调递减的购方申报电量队列。在成交结果出来后，对于价差、时间均相同的合并申报电量，根据申报电量比例将成交电量分配给电力用户和售电公司。

第二步，依次从申报电量队列中取电量数据，并相应增加预成交电量队列数据。当预成交电量合计等于电力交易平台发布的挂牌交易需求电量（或发电可供电量、辅助服务），或者申报电量队列中的数据全部取完，则结束出清计算。

第三步，各市场主体的预成交电量经电力调度机构安全校核后，确定各市场主体的成交电量及市场出清价差，市场出清价差等于最后一个进入成交电量队列的报价（价差），所有成交电量均按照统一出清价差结算。

第四步，各市场主体的实际成交价格根据统一出清价差、电厂的政府批复上网电价（基数电量电价）、用户的购电基准价等进行折算。

（2）申报价差出清。出清计算以“价差优先、时间优先、环保优先”为原则。

第一步，对于发电企业参与的交易，按照报价（价差）由低到高的顺序对申报电量排序，价差相同时按照最终申报时间早者优先的原则排序，价差、时间均相同时按照“可再生能源优先，节能环保优先”的原则排序；当以上条件均相同时，暂将多个申报电量合并，由此形成价差单调递增的售方申报电量队列。在成交结果出来后，对于不同发电企业的合并申报电量，根据申报电量比例将成交电量分配给不同发电企业。

对于电力用户、售电公司参与的交易，按照报价（价差）由高到低的顺序对申报电量进行排序，价差相同时按照最终申报时间早者优先的原则排序，价差、时间均相同时暂将多个申报电量合并，由此形成价差单调递减的购方申报电量队列。在成交结果出来后，对于价差、时间均相同的合并申报电量，根据申报电量比例将成交电量分配给电力用户和售电公司。

第二步，依次从申报电量队列中取电量数据，并相应增加预成交电量队列数据。当预成交电量合计等于电力交易平台发布的挂牌交易需求电量（或发电可供电量、辅助服务），或者申报电量队列中的数据全部取完，则结束出清计算。

第三步，各市场主体的预成交电量经电力调度机构安全校核后，确定各市场主体的成交电量及成交价差，市场主体的成交价差等于各自的申报价差。

第四步，各市场主体的实际成交价格根据出清价差、电厂的政府批复上网电价（基数电量电价）、用户的购电基准价等进行折算。

51. 丰水期满足哪些条件可对火电基数计划进行调整？

答：为了减少丰水期水电弃水，可以对基数计划进行调整。一般来说，满足以下两个条件，可对丰水期火电基数计划进行调整：

（1）丰水期当月火电企业基数电量总额达到当月市场合同电量总额的10%及以上；

（2）每月28日前，进入市场的可再生能源发电企业累计上网电量超出5年均值的10%及以上（电力交易机构正式文件认定），并导致燃煤火电基数电量无法完成且须承担全部或部分基数电量下调补偿。

52. 交易结果执行基本流程是怎样的？

答：基本流程如下：

（1）电力交易机构汇总省内市场成员参与的各类交易合同（含优先发电合同、基数电量合同、市场交易合同），形成省内发电企业的月度发电计划，并依据月内（多日）交易，进行更新和调整。电力调度机构应当根据经安全校核后的月度（含调整后的）发电计划以及清洁能源消纳需求，合理安排电网运行方式和机组开机方式。相关电力交易机构汇总跨区跨省交易合同，形成跨区跨省

发电企业的月度发电计划，并依据月内（多日）交易，进行更新和调整。

（2）年度合同的执行周期内，次月交易开始前，在购售双方一致同意且不影响其他市场主体交易合同执行的基础上，允许通过电力交易平台调整后续各月的合同分月计划（合同总量不变），调整后的分月计划需通过电力调度机构安全校核。

（3）电力交易机构定期跟踪和公布月度（含多日交易调整后的）发电计划完成进度情况。市场主体对发电计划完成进度提出异议时，电力调度机构负责出具说明，电力交易机构负责公布相关信息。

（4）全部合同约定交易曲线的，按照合同约定曲线形成次日发电计划；部分合同约定交易曲线的，由电力调度机构根据系统运行需要，安排无交易曲线部分的发电曲线，与约定交易曲线的市场化交易合同共同形成次日发电计划。

（5）电力系统发生紧急情况时，电力调度机构可基于安全优先的原则实施调度，事后向国家能源局派出机构、地方政府电力管理部门报告事件经过，并向市场主体进行相关信息披露。

53. 月度交易计划如何编制？

答：电力交易机构以满足电网稳定运行要求、实现月度电力电量平衡为约束条件，根据政府电力主管部门印发的年度电力供需平衡方案、市场主体年度合同分月电量安排、各类月度交易成交结果等编制月度交易计划。月度交易计划包括以下主要内容：次月全网调度发/受电量预测、预安排的多发（少发）电量，火电（含煤矸石发电）企业市场合同电量、基数电量、其他发电企业市场合同电量、优先发电计划电量，跨省跨区购电量，地调直调发电企业计划电量，非统调发电企业上网电量等。

在编制月度电量交易计划时，水电、生物质和垃圾焚烧发电企业各月的优先发电计划可以根据年度平衡方案的年度计划电量与近 5 年当月发电量（上网电量）平均值的比例安排，风电、光伏发电企业将年度平衡方案的年度计划电量平均分配至 12 个月，近 5 年新投产的电厂与有计划检修安排的电厂可根据实际情况进行调整。如果月度优先发电计划与优先购电计划不平衡时，可对火电基数、可再生能源发电企业的月度优先发电计划等比例调减，直至满足月度电

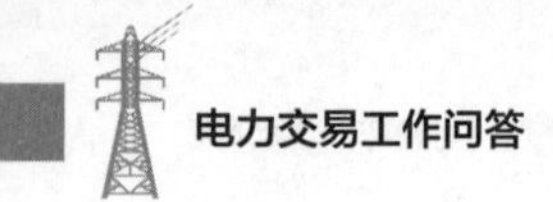

量平衡。可再生能源发电企业的月度发电计划（优先计划发电量与市场合同发电量之和）以不超自身发电能力为原则。具备条件时，月度交易计划应分时段编制。

54. 交易计划电量与实际发用电需求之间的偏差怎么处理？

答：允许发、用双方在协商一致的前提下，可在合同执行一周前进行动态调整。鼓励市场主体通过月内（多日）交易实现月度发用电计划调整，减少合同执行偏差。系统月度实际用电需求与月度发电计划存在偏差时，可通过发电侧上调或下调预挂牌机制进行处理，也可根据各地实际采用偏差电量次月挂牌、合同电量滚动调整等偏差处理机制。以上调或下调预挂牌机制为例，电力交易机构按月通过预挂牌招标交易确定次月上调（增发）机组及电量调用排序和下调（减发）机组调用排序，电力调度机构按照上调机组调用排序增加发电出力，或者按照下调机组调用排序减少发电出力，确保电力系统供需实时平衡。

55. 月度上调或下调预挂牌招标交易的基本要求是什么？

答：月度预挂牌上调招标交易以"价格优先、时间优先、环保优先（大机组优先）"为原则，即按照申报价差由低到高的顺序对各发电企业的上调申报电量排序；如果价差相同，则按照申报时间的先后顺序排序；如果价差、申报时间均相同（或均未申报），则按照环保优先（大机组优先）的原则排序。由此形成上调机组及电量调用顺序表。

月度预挂牌下调招标交易以"价格优先、时间优先、环保逆序"为原则，即按照补偿报价由低到高的顺序对各发电企业进行排序，价格相同时按照最终申报时间早者优先的原则排序，价格、时间均相同时按照小机组优先下调的原则排序；当以上条件均相同时，按照并列处理。由此形成下调机组调用顺序表。

56. 如何组织预挂牌上调或下调交易？

答：电力交易机构负责组织预挂牌交易，发电企业在规定的时间内申报上调（增发）价格和下调（减发）价格。预挂牌上调或下调招标可以与月度集中竞价一并组织，也可以在月度集中竞价之后单独开展。组织流程如下：

（1）发电机组申报上调报价（单位增发电量的售电价格）和下调报价（单位减发电量的购电价格）。允许发电机组在规定的月内截止日期前，修改其上调

和下调报价。

（2）电力交易机构按照上调报价由低到高排序形成上调机组调用排序列表，按照下调报价由高到低排序形成下调机组调用排序列表。价格相同时按照发电侧节能低碳电力调度的优先级进行排序。

（3）月度最后 7 个自然日，根据电力电量平衡预测，各类合同电量的分解执行无法满足省内供需平衡时，电力调度机构参考上调或下调机组排序，在满足电网安全约束的前提下，预先安排机组提供上调或下调电量、调整相应机组后续发电计划，实现供需平衡。机组提供的上调或下调电量根据电力调度机构的实际调用量进行结算。

57. 如何申报预挂牌上调或下调招标？

答：发电企业在公告规定的申报时间、申报电量限额、价差区间范围内申报当次交易周期内的电量和相应的价差。预挂牌上调招标单独组织时，每次交易只能申报一组电量及其电价（价差）。预挂牌上调电量招标交易，原则上发电企业申报的月度交易电量之和应达到申报电量限额，不应持留发电容量。

58. 预挂牌上调招标如何出清？

答：预挂牌上调招标交易以“价格优先、时间优先、环保优先（大机组优先）”为原则。申报截止后，按照以下算法进行出清计算：

按照申报价差由低到高的顺序对各发电企业的上调申报电量排序；如果价差相同，则按照申报时间的先后顺序排序；如果价差、申报时间均相同（或均未申报），则按照环保优先（大机组优先）的原则排序。由此形成上调机组及电量调用顺序表。如果发电企业不参与预挂牌上调招标交易，电力交易机构则按照节能减排（机组容量由大到小）的原则确定上调机组调用顺序。

59. 预挂牌下调招标如何出清？

答：预挂牌下调招标交易以“价格优先、时间优先、环保逆序”为原则。申报截止后，按照以下算法进行出清计算：按照补偿报价由低到高的顺序对各发电企业进行排序，价格相同时按照最终申报时间早者优先的原则排序，价格、时间均相同时按照小机组优先下调的原则排序；当以上条件均相同时，按照并列处理。由此形成下调机组调用顺序表。

60. 在已报价上调或下调能力用尽后应采取什么措施？

答：在已报价上调或下调能力用尽后，可以对未报价的机组实行强制上调或下调。强制上调或下调可根据市场实际情况进行限价。预挂牌交易结束后，电力交易机构将上调机组及电量调用排序和下调机组调用排序提交给电力调度机构。

61. 除了发电侧上调或下调预挂牌机制外， 还有哪些偏差电量处理机制？

答：系统月度实际用电需求与月度发电计划存在偏差时，除了通过发电侧上调或下调预挂牌机制进行处理，也可根据各地实际采用偏差电量次月挂牌、合同电量滚动调整等偏差处理机制。

62. 如何组织偏差电量次月挂牌机制？

答：基本流程如下：

（1）电力调度机构在保证电网安全运行的前提下，根据全网机组运行负荷率确定预挂牌机组负荷率的上限和下限，并在月初公布。各机组上调、下调电量的限额按照负荷率上下限对应发电量与机组当月计划发电量的差额确定。

（2）在满足电网安全约束的前提下，将上月全网实际完成电量与全网计划发电量的差额，按照各机组上月申报的预挂牌价格（上调申报增发价格、下调申报补偿价格）排序确定机组上调、下调电量，作为月度调整电量累加至机组本月计划发电量。其中，下调电量按照机组月度集中交易电量、月度双边交易电量、年度分月双边交易电量、计划电量的顺序扣减相应合同电量。

（3）月度发电计划执行完毕后，发电侧首先结算机组上调电量或下调电量，其余电量按照各类合同电量结算顺序以及对应电价结算；用户侧按照当月实际用电量和合同电量加权价结算电费，实际用电量与合同电量的偏差予以考核。

63. 安全校核工作由谁开展？主要内容是什么？

答：电力调度机构负责各种交易的安全校核工作，各类交易必须经电力调度机构安全校核后方可生效。涉及跨区跨省的交易，须提交相关电力调度机构共同进行安全校核（省级调度机构可受托进行安全校核）。

安全校核的主要内容包括但不限于：通道输电能力限制、机组发电能力限制、机组辅助服务限制等。

64. 安全校核如何开展？

答：电力调度机构负责各种交易的安全校核、执行工作，以确保电力系统安全稳定运行。

电力调度机构以年、月为周期进行全电量交易安全校核，同一周期内（年度或月度）不同交易方式形成的交易结果必须同时进行安全校核。校核不通过时，按照组织时间顺序逆序调整；安全校核通过后，形成正式交易结果并公布。年度交易的安全校核时间原则上在5个工作日内，月度交易的安全校核时间原则上在2个工作日内。

发生安全校核不通过、交易电量被核减时，可在月度交易完成后5个工作日内对削减电量开展月度增补交易，具体以增补交易公告为准。交易公告须发布各发电企业的月度剩余发电空间，用户（售电公司）通过增补交易购电；对于增补交易仍未达成的用电需求，按照上调机组调用排序增加发电出力，从而实现平衡。

65. 安全校核不通过时如何处理？

答：安全校核未通过时，由电力交易机构进行交易削减。对于双边协商交易，可按照时间优先、等比例原则进行削减；对于集中交易，可按照价格优先的原则进行削减，价格相同时按提交时间优先的原则进行削减，提交时间相同时按发电侧节能低碳电力调度的优先级进行消减。安全校核应在规定的时限内完成。安全校核未通过时，电力调度机构需出具书面解释，由电力交易机构予以公布。

66. 电力交易争议的处置流程是什么？

答：发生电力交易争议时，市场成员首先可协商解决；无法协商解决的可提交交易机构进行调解；调解不成的可提交电力监管机构裁决，或者依法向人民法院提起诉讼。

67. 何时需要中止市场交易？

答：当出现以下情况时，根据事件影响范围和严重程度，能源监管机构会同政府主管部门可以作出中止市场的决定，并向电力市场主体公布中止原因：

（1）电力市场未按照规则运行和管理的；

（2）电力市场运营规则不适应电力市场交易需要，必须进行重大修改的；

（3）电力市场交易发生恶意串通操纵市场的行为，并严重影响交易结果的；

（4）电力交易平台、调度自动化系统、数据通信系统等发生重大故障，导致交易长时间无法进行的；

（5）因不可抗力市场交易不能正常开展的；

（6）电力市场发生其他严重异常情况的。

68. **何时可以进行市场干预**？

答：发生以下情况之一时，电力交易机构、电力调度机构报经能源监管机构和政府主管部门批准后，可依法依规采取市场干预措施，并事后向市场成员公布原因：

（1）电力系统内发生重大事故危及电网安全的；

（2）发生恶意串通操纵市场的行为，并严重影响交易结果的；

（3）市场技术支持系统发生重大故障，导致交易无法正常进行的；

（4）因不可抗力电力市场化交易不能正常开展的；

（5）电力市场交易规则不适应电力市场交易需要，必须进行重大修改的；

（6）国家能源局或其派出机构作出暂停市场交易决定的；

（7）市场发生其他严重异常情况的。

市场干预期间，电力交易机构、电力调度机构应详细记录市场干预的原因、起止时间、对象、措施和结果等有关情况备查，并及时向能源监管机构和政府主管部门提交报告。

69. **市场干预的手段有哪些**？

答：市场干预的手段有：

（1）改变市场交易时间、暂缓市场交易；

（2）发布临时条款；

（3）调整交易组织方式；

（4）其他维护市场正常交易和竞争的手段。

70. **如何开展应急处置**？

答：（1）当系统发生紧急事故时，电力调度机构应按安全第一的原则处理，

由此带来的成本由相关责任主体承担，责任主体不明的由市场主体共同分担。

（2）当面临严重供不应求情况时，可依照相关规定和程序暂停市场交易，组织实施有序用电方案。

（3）当出现重大自然灾害、突发事件时，可依照相关规定和程序暂停市场交易，临时实施发用电计划管理。

第四章　电力现货交易

1. 为什么要开展电力现货交易?

答：电力现货交易是指符合准入条件的发电企业、售电公司、电力大用户、负荷聚合商等市场主体，通过市场化方式开展的日前、日内、实时电能量交易，日前、日内组织的备用、调频等辅助服务交易也可纳入现货交易范畴。

电力系统中，各类发电机组具有不同的发电特性，水电、风电、光伏等可再生能源的发电出力具有不确定性和波动性，电力负荷随时间变化也具有一定的不确定性和规律性。由于电力负荷和可再生能源发电能力均难以在中长期交易阶段准确预测，中长期电力供需预测与平衡具有不确定性。此外，电网运行方式在中长期阶段也存在不确定性，电力中长期交易无法进行完整的安全校核；电能难以大规模经济存储，发、输、配、用必须同时完成与实时平衡。以上因素造成市场主体的电力中长期交易结果与实际执行结果存在较大偏差，中长期交易难以精细反映实际电力供需关系。电力现货交易的组织时间更加接近实际运行时间，电力供需预测较为准确，电网运行方式安排较为明确，因此电力现货交易可以充分考虑电网安全约束和可再生能源的实际发电能力，能够较为精细地考虑不同时间（每 15min 一个时间段）、不同地点（电网节点）的电力供求关系，反映不同时间、空间的电能价值，实现电力资源短期优化配置和发现价格的目的，促进可再生能源消纳。

2. 电力现货交易与中长期交易有哪些差异?

答：电力现货交易与中长期交易的差异主要有以下五个方面：

（1）交易标的物有差异，电力现货交易的标的物一般为 15min 的电力或备用、调频等辅助服务，电力中长期交易的标的物一般为更长时间段（月、多日）的电能量（可以明确电力曲线）或可中断负荷、调压等辅助服务。

（2）交易标的物交割时间不同，电力现货交易标的物的交割时间为未来一

天、几个小时或几十分钟，电力中长期交易标的物的交割时间为未来多年、年、季度、月、周或多日。

（3）与电力系统实际运行的耦合程度不同，电力现货交易需详细考虑机组组合、电网方式等约束问题，电力中长期交易一般仅考虑发电用电能力约束、不考虑电网运行方式约束。

（4）交易标的物交割方式有差异，电力现货交易合同属于要求物理执行的实物合同，电力中长期交易合同可以物理执行也可以非物理执行（差价合约方式的金融合同）。

（5）功能有所不同，电力负荷随时间变化具有一定的规律性和波动性，一天之内电力供需平衡关系差异较大，电力现货交易可以较为精细地分时段出清，价格随时间变化，主要目的是实现电力资源短期优化配置，促进可再生能源消纳，发现价格并提供经济信号；电力中长期交易的交易时间更长，主要目的是促进电力资源中长期优化配置，引导电力投资以保障电力供应，实现发电企业容量成本回收。

3. 电力现货交易主要有几种交易模式？ 不同交易模式的差异是什么？

答：电力现货主要有集中式交易和分散式交易两种模式。集中式现货采用全电量集中竞价方式进行交易，现货交易确定发电（用电）企业的完整日发（用）电曲线，一般配合采用双边差价合约模式的中长期交易；分散式现货采用部分电量竞价方式进行现货交易，配合采用物理双边合约的中长期交易，现货交易主要用于平衡日前（日内、实时）发用电曲线与中长期合同分解曲线之间的偏差。

集中式现货交易与分散式现货交易的差异有以下三个方面：

（1）参与交易的电量规模不同。集中式现货交易中，市场主体的全部电量必须参与现货交易；分散式现货交易中，市场主体的部分电量参与现货交易。

（2）现货交易出清算法不同。集中式现货交易采用安全约束机组组合、安全约束经济调度等复杂出清算法，需要考虑机组组合、经济调度等系统运行整体问题；分散式现货交易出清算法相对简单，以中长期交易机组组合为基础，

仅考虑电力偏差调整等问题。

（3）出清电价结果不同。集中式现货交易的出清结果一般为节点边际电价，能够比较精细地考虑电能的时间、空间价值；分散式现货交易的出清结果一般为分区边际电价或系统边际电价。

4. 电力现货市场主要有哪些交易品种？

答：电力现货市场主要有日前电力交易、日内电力交易、实时电力交易、辅助服务现货等交易品种。

日前电力交易根据市场主体的日前市场申报数据，以长周期机组组合状态、负荷预测、联络线计划等作为市场边界，考虑电网安全约束、机组运行约束、系统约束及其他可行性约束条件，每天分为若干个交易时段（如 24 或 96 个时段），以社会福利最大化等为目标函数进行优化，集中优化出清次日分时段（一般为 15min 一个时段）的机组组合计划和发电出力计划，形成总经济效益最优的发电计划，并形成机组与用户市场出清电价。

日内电力交易根据系统实际运行情况、最新负荷预测需求和日内市场报价，采用安全约束机组组合（Security Constrained Unit Commitment，SCUC）每 15min（时间可设置）滚动计算未来 15min 至未来多小时（时间可设置）多个时段最优的快速启动机组的启停计划，以安全约束机组组合（SCUC）或安全约束经济调度（Security Constrained Economic Dispatch，SCED）进行优化出清，确定未来多小时分时段（一般为 15min 一个时段）机组组合计划和发电出力计划及市场出清价格。

实时电力交易根据系统实际运行情况、最新负荷预测需求和实时市场报价，在日前与日内市场确定的机组开停机组合基础上，采用安全约束经济调度（SCED），每 15min（时间可设置）滚动计算未来 15min 至 1h（时间可设置）的市场出清结果，市场出清结果送到 EMS（Energy Management System，能量管理系统）进行控制执行，支持 5min 或 15min 交易周期。

辅助服务现货交易开展基于市场竞价下的辅助服务产品市场化交易，包括 AGC（Automatic Generation Control）调频、备用等辅助服务，可以与现货电能量统一优化联合出清或独立出清。

5. 电力现货交易的参与主体有哪些？ 参与现货交易需具备什么条件？电力现货交易有几种模式？

答：电力现货交易的市场主体主要包括发电企业、售电公司、电力用户、电网企业、独立辅助服务提供者、负荷聚合商等。参与电力现货交易的市场主体应是具有独立法人资格、独立财务核算、信用良好、能够独立承担民事责任的经济实体，并且具备电量数据分时计量（一般以 15min 为周期）与传输技术手段，数据准确性与可靠性应能满足现货交易要求。由于电力现货交易对于电能计量的要求较高，通常普通电力用户因不具备电量分时计量、传送的技术条件而难以直接参与电力现货交易。电力用户是否参与不是开展电力现货交易的必要条件。

根据电力用户参与现货交易情况的不同，电力现货交易可分为发用电双向报量报价、用户侧报量不报价、发电侧单向报量报价三种模式。发用电双向报量报价模式中，符合现货市场准入条件的发电企业均申报发电量价曲线，符合现货市场准入条件的电力用户可以申报需求量价曲线，也可以通过售电公司、负荷集成商参与现货市场，从而实现发用电双向竞价。用户侧报量不报价模式中，符合现货市场准入条件的发电企业均申报发电量价曲线，但售电公司和电力用户仅申报用电需求曲线、不申报价格；用户侧申报的用电需求曲线仅作为现货市场的结算依据，不作为现货市场出清的边界条件，用户侧主体按市场出清价格进行统一结算。发电侧单向报量报价模式中，符合现货市场准入条件的发电企业单向申报量价曲线，售电公司和电力用户作为“价格接受者”参与现货市场，既不申报电力需求，也不申报价格，可按照全市场节点的加权平均综合电价进行电量结算。

6. 电力现货交易的主要流程是什么？

答：电力现货交易主要包括市场注册、事前信息发布、交易申报、出清计算、安全校核、交易结果发布等流程。其中：

市场注册指的是符合市场准入条件的主体按照市场注册管理制度在市场运营机构办理注册手续、获得参与交易资格权限的过程。

事前信息发布指的是交易申报前由市场运营机构公开发布的交易相关信息，

主要包括全网系统负荷预测曲线、省间联络线电力预测、发电机组检修总容量、正备用要求、负备用要求、输变电设备检修计划、电网关键断面约束情况、必开必停机组、市场限价等交易参数。

交易申报指的是市场主体在规定时间内申报交易电力曲线、交易电价、启动费用、空载费用、最小连续运行时间、最小连续停机时间等信息。

出清计算指的是市场运营机构基于市场成员申报信息以及运行日的电网运行边界条件，采用规定的算法进行优化出清得到市场交易结果的过程。对于集中式现货交易，一般采用安全约束机组组合（SCUC）、安全约束经济调度（SCED）程序进行优化计算，得到机组组合方式、发用电出力曲线和节点边际电价。对于分散式现货交易，一般采用安全约束经济调度程序进行出清计算，得到发用电出力曲线调整值和系统（分区）变价电价。

安全校核主要完成各个时段电网运行计划和电网运行操作的安全校核，必须满足 GB 38755－2019《电力系统安全稳定导则》确定的各项电网安全稳定运行标准。现货市场出清应至少实现静态安全校核功能。静态安全校核功能是在给定的方式下，对电网进行静态安全方面的综合分析，包括基态潮流分析、静态安全分析、灵敏度分析等，确保最终生成的市场出清结果满足电网静态安全约束。

7. 电力现货交易出清计算的关键技术是什么？

答：电力现货交易出清计算的关键技术主要包括安全约束机组组合、安全约束经济调度和安全校核技术。安全约束机组组合在满足电力系统安全性约束的条件下，以社会福利最大化或系统总电能供给成本最小化等为优化目标，制定多时段的机组开停机计划。安全约束经济调度在满足电力系统安全性约束的条件下，以社会福利最大化或系统总电能供给成本最小化等为优化目标，制定多时段的机组发电计划。安全校核对检修计划、发电计划、市场出清结果和电网运行操作等内容，从电力系统运行安全角度分析其安全性的过程，分析方法包括静态安全分析、暂态稳定分析、动态稳定分析、电压稳定分析等。

8. 如何统筹协调电力现货交易与电力中长期交易？

答：集中式现货交易一般与中长期金融交易衔接，发用电双方必须全部电

量参与现货交易，发用电曲线完全由现货交易确定，中长期交易主要是管理市场风险的差价合同。分散式现货交易一般与中长期实物合同衔接，发用电双方在日前阶段以中长期实物合同为基础自行确定日发用电曲线，并通过现货交易平衡电力曲线偏差。

9. 如何统筹协调省间现货交易与省内现货交易?

答：省间现货交易与省内现货交易的统筹主要包括两方面：①交易时序上的统筹，一般省间现货交易组织时间在省内现货交易之前；②电量空间上的统筹，省间现货交易结果作为省内现货交易的边界条件。

10. 电力现货交易的价格形成机制有哪些?

答：电力现货交易有三种价格机制：节点边际电价（Location Marginal Price，LMP）、系统边际电价（System Marginal Price，SMP）和分区边际电价(Zonal Marginal Price)。节点边际电价是指在满足当前输电网络设备约束条件和其他各类资源的工作特点的情况下，在某一节点增加单位负荷需求时所需要增加的边际成本，简称节点电价；节点电价由系统电能价格、输电阻塞价格、网络损耗价格构成，其中，系统电能价格反映全市场的电力供求关系，输电阻塞价格反映节点所在位置的电网阻塞情况，网络损耗价格反映节点所在位置对电网传输损耗的影响程度。系统边际电价按照报价从低到高的顺序逐一成交电力，使成交的电力满足系统负荷需求的最后一个电能供应者的报价。分区边际电价是指当电网存在输电阻塞时，按阻塞断面将市场分成几个不同的分区（即价区），并以分区内边际机组的价格作为该分区市场出清价格。

11. 电力现货交易电能结算主要包括哪些内容?

答：现货交易电能结算包括中长期合约分解曲线的结算、日前电能交易结算、日内电能交易结算与实时电能交易结算，其中，中长期合约结算有金融合约与物理合约两种情况。结算结果在数据粒度上须包括每笔电能交易最小价格周期（5min、15min 或 1h）的电量、电价与电费。

对于分散式模式和集中式模式下金融合约，根据合约分解曲线与现货市场交易出清结果，按合约规则进行合约交易结算。对于分散式电力市场下的物理合约结算，根据合约分解曲线与现货交易结果、实际计量数据进行合约结算，

作为物理执行的合约，物理合约须参与计算发用电偏差。对于日前电力交易，根据日前交易的出清结果、分时中标价格（可包括系统电能出清价格、阻塞价格与网损价格），按市场规则进行日前电能交易电费结算。日内电能交易结算、实时电能交易结算与日前电能交易结算方法类似。

12. 电力现货市场披露的信息主要分为哪几类?

答：按照信息公开范围，电力现货市场信息分为公众信息、公开信息、私有信息和依申请披露信息四类。公众信息是指向社会公众披露的信息，公开信息是指向所有市场成员披露的信息，私有信息是指向特定的市场主体披露的信息，依申请披露信息是指仅在履行申请、审核程序后向申请人披露的信息。

13. 电力现货市场中发电企业需要披露哪些信息?

答：电力现货市场中发电企业应当披露的公众信息包括：①企业全称、企业性质、所属发电集团、工商注册时间、营业执照、统一社会信用代码（以下简称信用代码）、法定代表人（以下简称法人）、联系方式、电源类型、装机容量、所在地区等；②企业变更情况，包括企业减资、合并、分立、解散及申请破产的决定，或者依法进入破产程序、被责令关闭等重大经营信息；③与其他市场主体之间的关联企业信息；④其他政策法规要求向社会公众公开的信息。

电力现货市场中发电企业应当披露的公开信息包括：①电厂机组信息，包括电厂调度名称、电力业务许可证（发电类）编号、机组调度管辖关系、投运机组台数及编号、单机容量及类型、投运日期、接入电压等级，单机最大出力、核定最低技术出力、核定深调极限出力，机组出力受限的技术类型，如流化床、高背压供热等；②机组出力受限情况、机组检修及设备改造计划等。

发电企业私有信息主要包括：①中长期交易结算曲线、电力市场申报电能量价曲线、上下调报价、机组启动费用、机组空载费用、辅助服务报价信息等；②机组爬坡速率、机组边际能耗曲线、机组最小开停机时间、机组预计并网和解列时间、机组启停出力曲线、机组调试计划曲线、调频、调压、日内允许启停次数、厂用电率、热电联产机组供热信息等机组性能参数；③机组运行情况，包括出力及发电量等；④各新能源发电企业日前、实时发电预测；⑤发电企业燃料、燃气供应情况、存储情况、燃料供应风险等；⑥非国际河流水电企业来

水情况、水库运行情况等。这些私有信息由发电企业和市场运营机构掌握。

14. 电力现货市场中售电公司需要披露哪些信息？

答：电力现货市场中售电公司应当披露的公众信息包括：①企业全称、企业性质、售电公司类型、工商注册时间、注册资本金、营业执照、信用代码、法人、联系方式、信用承诺书、资产总额、股权结构、年最大售电量等；②企业资产证明、从业人员相关证明材料、资产总额验资报告等；③企业变更情况，企业减资、合并、分立、解散及申请破产的决定，或者依法进入破产程序、被责令关闭等重大经营信息；④与其他市场主体之间的关联关系信息；⑤其他政策法规要求向社会公众公开的信息。

电力现货市场中售电公司应当披露的公开信息主要包括：①拥有配电网运营权的售电公司应当披露电力业务许可证（供电类）编号、配电网电压等级、配电区域、配电价格等信息；②履约保函缴纳信息（如有）。

售电公司的私有信息包括：中长期交易结算曲线、电力市场申报电能量价曲线、与代理电力用户签订的相关合同或者协议信息、与发电企业签订的交易合同信息等。这些私有信息由售电公司和市场运营机构掌握。

15. 电力现货市场中电力用户需要披露哪些信息？

答：电力现货市场中电力用户应当披露的公众信息包括：①企业全称、企业性质、行业分类、用户类别、工商注册时间、营业执照、信用代码、法人、联系方式、主营业务、所属行业等；②企业变更情况，包括企业减资、合并、分立、解散及申请破产的决定，或者依法进入破产程序、被责令关闭等重大经营信息；③与其他市场主体之间的关联关系信息；④其他政策法规要求向社会公众公开的信息。

电力现货市场中电力用户应当披露的公开信息包括：企业用电类别、接入地区、年用电量、用电电压等级、供电方式、自备电源（如有）、变压器报装容量及最大需量等。

电力用户的私有信息包括：①电力用户用电信息，包括用电户号、用电户名、结算户号、计量点信息、用户电量信息、用户用电曲线等；②中长期交易结算曲线、批发用户电力市场申报电能量价曲线、可参与系统调节的响应能力和响应方式等。这些私有信息由电力用户和市场运营机构掌握。

16. 电力现货市场中电网企业需要披露哪些信息?

答：电力现货市场中电网企业应当披露的公众信息包括：①企业全称、企业性质、工商注册时间、营业执照、信用代码、法人、联系人、联系方式、供电区域、政府核定的输配电线损率等；②与其他市场主体之间的关联关系信息；③政府定价类信息，包括输配电价、各类政府性基金及其他市场相关收费标准等；④电网主要网络通道示意图；⑤其他政策法规要求向社会公众公开的信息。

电力现货市场中电网企业应当披露的公开信息包括：①电力业务许可证（输电类）、电力业务许可证（供电类）编号；②市场结算收、付费总体情况及市场主体欠费情况；③电网企业代理非市场用户每个交易时段的总购电量、总售电量、平均购电价格、平均售电价格等，含事前预测和事后实际执行；④各类型发电机组装机总体情况，各类型发用电负荷总体情况等；⑤电网设备信息，包括线路、变电站等输变电设备投产、退出和检修情况等；⑥全社会用电量、重点行业用电量等。

17. 电力现货市场中市场运营机构需要披露哪些信息?

答：电力现货市场中市场运营机构应当披露的公众信息包括：①机构全称、机构性质、机构工商注册时间、股权结构、营业执照、信用代码、法人、组织机构、业务流程、服务指南、联系方式、办公地址、网站网址等；②电力市场适用的法律法规、政策文件；③电力市场规则类信息，包括交易规则、交易相关收费标准，制定、修订市场规则过程中涉及的解释性文档，对市场主体问询的答复等；④信用评价类信息，包括市场主体电力交易信用信息、售电公司违约情况等；⑤其他政策法规要求向社会公众公开的信息；⑥市场暂停、中止、重新启动等情况。

电力现货市场中市场运营机构应当披露的公开信息包括：①公告类信息，包括电力交易机构财务审计报告、信息披露报告等定期报告、经国家能源局派出机构或者地方政府电力管理部门认定的违规行为通报、市场干预情况、第三方校验报告等；②交易公告，包括交易品种、交易主体、交易规模、交易方式、交易准入条件、交易开始时间及终止时间、交易参数、出清方式、交易约束信

息、交易操作说明、其他准备信息等；③交易计划及其实际执行情况等；④市场主体申报信息和交易结果，包括参与交易的主体数量、交易总申报电量、成交的主体数量、最终成交电量、成交均价等；⑤市场边界信息，包括电网安全运行的主要约束条件、输电通道可用容量、关键输电断面及线路传输限额、必开必停机组组合及原因、非市场机组出力曲线、备用及调频等辅助服务需求、抽蓄电站蓄水水位、参与市场新能源总出力预测等；⑥市场参数信息，包括市场出清模块算法及运行参数、价格限值、约束松弛惩罚因子、节点分配因子及其确定方法、节点及分区划分依据和详细数据等；⑦预测信息，包括系统负荷预测、外来（外送）电交易计划、可再生能源出力预测，水电发电计划预测等，任何预测类信息都应当在实际运行后一日内发布对应的实际值；⑧运行信息，包括实际负荷、实时频率、系统备用信息，重要通道实际输电情况、实际运行输电断面约束情况及其影子价格情况、联络线潮流，输变电设备检修计划执行情况、发电机组检修计划执行情况，非市场机组实际出力曲线等；⑨参与现货市场机组分电源类型中长期合约占比、合约平均价格、总上网电量等；⑩市场干预情况原始日志，包括干预时间、干预人员、干预操作、干预原因，涉及《电力安全事故应急处置和调查处理条例》（国务院令第 599 号）规定的电力安全事故等级的事故处理情形除外；⑪市场出清类信息，包括各时段出清电价（节点边际电价市场应当披露所有节点的节点边际电价以及各节点边际电价的电能量、阻塞和网损等各分量价格）、出清电量，调频容量价格和调频里程价格，备用总量、备用价格，输电断面约束及阻塞情况，各电压等级计算网损等；⑫每个交易时段的分类结算情况，不平衡资金明细及每项不平衡资金的分摊方式等。

电力现货市场中市场运营机构向特定市场主体披露的私有信息主要包括：①中长期结算曲线、分时段中长期交易结算电量及结算电价，日前中标出力及日前节点边际电价，实时中标出力及实时节点边际电价；②结算类信息，包括日清算单、月结算单、电费结算依据等。

18. 电力现货交易信息如何封存？

答：信息封存是指对关键信息的记录留存，任何有助于还原运行日（指执行日前电力市场交易计划，保证实时电力平衡的自然日）情况的关键信息应当记录、封存。封存信息包括但不限于：

①运行日市场出清模型信息；②市场申报量价信息；③市场边界信息，包括外来（外送）电曲线、检修停运类信息、预测信息、新能源发电曲线、电网约束信息等；④市场干预行为，包括修改计划机组出力、修改外来（外送）电出力、修改市场出清参数、修改预设约束条件、调整检修计划、调整既有出清结果等，应当涵盖人工干预时间、干预人员、干预操作、干预原因、受影响主体以及影响程度信息等；⑤实时运行数据，包括机组状态及机组出力曲线、电网实时频率等；⑥市场结算数据、计量数据。

19. **电力现货交易技术支持系统主要有哪些功能？**

答：集中式电力市场运营系统现货交易子系统主要由市场成员管理、数据管理、市场申报、信息发布、日前市场、实时市场、安全校核、市场评估分析、市场风险管控、市场监管、市场成员服务及系统管理等系统组成。此外，可提供长周期可靠性机组组合子系统，适应电网安全问题较为严重的市场，决策因电网安全运行必须提前确定启停的机组；可提供日内市场子系统，适应开展日内交易的情形；可提供辅助服务市场子系统，适应开展调频、备用等辅助服务市场的情形。

分散式电力市场运营系统现货交易子系统主要由市场成员管理、数据管理、市场申报、信息发布、双边合同分解、日前市场、日内市场、平衡市场、辅助服务市场、安全校核、市场评估分析、市场风险管控、市场监管、市场成员服务及系统管理等系统组成。

20. **电力现货市场如何开展评估分析工作？**

答：市场评估分析是基于电力现货市场运营、电网运行、市场注册、市场结算、市场成员行为记录等数据，从市场结构、市场安全、市场运营、市场效益、调度运行等多方面对市场进行评估分析。可根据电力市场的交易记录、成交电量、电费以及市场供需情况对市场的交易进行统计、分析及测算；评估市场运营的状况，提供电力现货市场成员损益报告、市场风险报告，为市场成员参与市场，以及电力市场交易规则的修正提供参考。

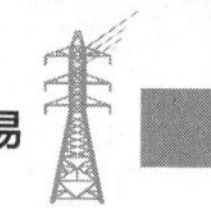

市场结构评估分析功能包括三寡头测试、市场集中度指数（Herfindahl-Hirschman Index，HHI）、供应剩余率（Residual Supply Index，RSI）、市场竞争空间等指标分析。市场安全性评估分析功能包括短期安全性指标分析、长期性安全性指标分析、发电容量充裕度分析、输电容量充裕度分析等。市场运营评估分析功能包括市场申报参量指标分析、供需指标分析和成交指标分析等。市场效益评估分析功能包括现电价类指标分析、节能减排指标分析、容量利用率指标分析、市场成员损益计算分析等。调度运行指标分析功能包括预测准确率、计划执行情况、机组调节性能指标、启停履约率等指标分析。

21. 市场运营机构如何管控电力现货市场风险?

答：电力现货市场中的风险管控要求研究风险发生和变化的规律，评估风险对社会经济生活可能造成的损害程度，并选择有效的手段，有计划、有目的地处理风险，以期望用最小的成本代价获得最大的安全保证。具体包括以下内容：

（1）风险识别。包括：①供需风险指标分析识别，包含可用容量指标、市场供需弹性、备用容量水平指标分析等；②市场力风险指标分析识别，包含三寡头测试、市场集中度指数（HHI）、勒纳指数（Lerner）分析等；③交易风险指标分析识别，包含电价平稳性指标、竞价风险指标分析；④电网安全风险指标分析识别，包含阻塞成本、输电容量富裕度、辅助服务风险指标分析；⑤支持电力市场价格风险识别。

（2）风险预警。包括：①单一指标自动计算分析，当监控指标超过预先设定值时告警；②综合指标自动计算分析，当综合指标超过预先设定值时告警；③单一指标和综合指标手动计算分析。

（3）风险管控。包括：①阻塞管理，阻塞管理作为市场优化模型的一部分，在日前、日内和实时市场出清过程中充分考虑阻塞管理；②市场成员行为测试，测试某一电源的投标价格是否超过其参考价格，达到预先设定门槛；③市场成员影响测试，测试该电源投标对能量市场出清价格的影响，如果某一电源投标未能通过行为测试，且其影响测试超过了预先设定的门槛，则使用参考价格代替该电源投标价格；④市场力消除程序，能够根据检测结果消除市场力引发的风险。

第五章 辅 助 服 务

1. 什么是电力辅助服务？ 包括哪些内容？

答：电力辅助服务是指除正常电能生产、输送、使用外，为维护电力系统的安全稳定运行，保证电能质量，由发电企业、电网经营企业和电力用户提供的额外服务。辅助服务具有一定的公共产品属性，应用范围为整个电力系统，通常由调度机构统一执行。

电力辅助服务包括一次调频、调峰、自动发电控制（AGC）、无功调节、备用、黑启动等。

2. 为什么要建立电力辅助服务市场？

答：电力辅助服务市场是电力市场体系的一部分。电力是商品，在电力市场中，不能要求市场主体无偿提供或无条件使用辅助服务，必须以市场手段发现每一项辅助服务的价格，厘清各辅助服务提供者的贡献，厘清各使用者使用的辅助服务、使用量和费用等，通过市场进一步还原电力商品属性。

近年来，电网结构、电源结构发生重大变化。风电、光伏等新能源快速发展，其出力的不稳定性和不确定性对电网的辅助服务提出了额外要求。同时，用电结构变化导致峰谷差日益加大，对调峰服务的需求增加，辅助服务提供者为此付出了更多的成本，需要通过市场方式得到回报并获取一定利润。建立电力辅助服务市场，将推动煤电企业由电量型向电力型的转型，有利于可再生能源通过市场方式获得更大发电空间，促进可再生能源的消纳和利用。

3. 我国电力辅助服务市场的发展主要经历了哪些阶段？

答：2006 年，国家电监会印发了《并网发电厂辅助服务管理暂行办法》（电监市场〔2006〕43 号），该办法适用于省级及以上电力调度交易机构及其直接调度的并网火力、水力发电厂，明确并网发电厂提供的辅助服务分为基本辅助服务和有偿辅助服务。

2009 年，六个区域电监局依据该办法分别制定、印发了本区域《并网发电厂辅助服务管理实施细则》和《发电厂并网运行管理细则》（简称“两个细则”），2010 年，各区域逐步实施。

2015 年 3 月，《关于进一步深化电力体制改革的若干意见》（中发〔2015〕9 号）明确提出“建立辅助服务分担共享新机制”。2017 年 11 月，国家能源局印发了《完善电力辅助服务补偿（市场）机制方案》，指出现行电力辅助补偿办法的部分内容已经难以适应实际需要，亟需进一步完善和深化电力辅助补偿（市场）机制。

2018 年起，各区域、省分别发布电力辅助服务市场运营规则，逐步开展电力辅助服务市场试运行或正式运行。2020 年，各地完善电力辅助服务市场机制的步伐不断加快，交易品种日益丰富，交易主体多元化。

后期，配合现货市场试点，电力辅助服务将逐步与中长期市场、现货市场等形成完整有序的市场体系，不断完善和发展。

4. 电力辅助服务市场与“两个细则”有什么区别？

答：与传统的《并网发电厂辅助服务管理实施细则》和《发电厂并网运行管理细则》（简称“两个细则”）相比，建立电力辅助服务市场，一是在辅助服务供应侧改变了由调度指定提供者的方式，形成竞争机制，通过市场竞争确定辅助服务的提供者，实现市场对资源的优化配置；二是以总服务费最低为原则，通过市场发现辅助服务的价格，反映其真实价值；三是在辅助服务使用侧，“两个细则”以月度为考核周期，由于周期较长，辅助服务的提供者与使用者身份可能出现转换，提供量与使用量可能变化，难以反映真实的状况，而辅助服务市场以较小的交易周期（如每 15min 或更短周期）进行交易和结算，可以清晰地区分出交易周期内的服务的提供者、使用者及其量、费。

目前，各省电力辅助服务市场以调峰、调频为主要交易品种，无功电压调节、黑启动等暂未纳入辅助服务市场。已纳入辅助服务市场的，一般在“两个细则”中不再重复补偿及考核；未纳入的，仍执行“两个细则”的相关规定。

5. 电力辅助服务市场的设计原则是什么？

答：电力辅助服务市场遵循“谁受益、谁承担”的原则。市场定价机制应

保证供应者收回成本，还要保障其合理的利润。此外，也应考虑辅助服务使用者的承受能力。

6. 调峰属于辅助服务市场范畴吗？

答：火电机组调峰按其调峰幅度可以分为基本调峰、深度调峰、启停调峰三种运行方式。基本调峰是指机组在规定的最小技术出力到额定出力范围内，为了跟踪负荷的峰谷变化而有计划的、按照一定调节速度进行的出力调整。深度调峰是指机组在规定的最小技术出力水平以下进行的出力调整。各地对基本调峰负荷率的规定有所不同，一般在50%～60%之间。启停调峰一般是指机组为满足电网调峰需求，在24h内从停机解列到启动并网的一次运行状态转换。

从某种意义上说，基本调峰和深度调峰属于电能量市场的范畴。但是，火电机组深度调峰运行时，煤耗率远高于基本调峰，且长时间深度调峰对火电机组本身运行不利，易导致机组发生故障，降低设备寿命，增加检修费用；启停调峰也需要付出高额成本。这些额外的调峰服务需要通过市场方式得到应有的回报。因此，现阶段将深度调峰、启停调峰纳入辅助服务市场有一定的合理性，将来可以考虑与现货市场进行衔接。

7. 如何考虑抽水蓄能机组在深度调峰市场交易的出清顺序？

答：抽水蓄能组在深度调峰市场可以与火电等其他市场主体按报价统一出清，也可以考虑优先启用抽水蓄能机组。

抽水蓄能机组在实现能量转换时存在能量损失，在一个抽水、发电的循环运行过程中，抽水电量大于发电电量，其效率一般为75%，即抽水和发电损耗约为25%。但是，抽水蓄能机组在电网调峰、备用等方面具有较大的灵活性，在深度调峰市场优先调用抽水蓄能机组不仅在低谷起到提升负荷水平的作用，而且可以作为高峰时段的重要电源，在全天的电力平衡中充分发挥作用，并且可以作为电网的事故备用。对于峰谷差大、火电低负荷运行持续时间长的地区，抽水蓄能机组的合理运用，可以减少火电机组的开机台数，改善在网运行火电工况，提高运行效率，降低煤耗。此外，长时间深度调峰对火电机组本身运行不利，易导致机组发生故障，降低设备寿命，增加检修费用；火电机组深度调峰还可能影响排放指标，在锅炉低负荷运行情况下，可能存在氮氧化物排放超标问题。因此，在深度调峰市场可以根据需要优先启用抽水蓄能机组，但是在有其他市场主体报价时，应考虑优先启用的抽水蓄能机组作为价格接受者参与市场。

8. 省级深度调峰、启停调峰市场交易在什么情况下启动？

答：启动深度调峰市场交易一般应满足以下条件之一：①系统负备用不足；②可再生能源无法实现全额保障性消纳，可能导致弃电或向省外售电，或购买其他省负备用辅助服务。

当预计系统负备用不足且深度调峰交易无法满足电网调峰需求时，可启动启停调峰市场交易。

9. 火电深度调峰的服务费如何计算、如何分摊？

答：深度调峰服务费为调用机组深度调峰电量与市场出清价格乘积的总额。为有效调控深度调峰服务费总额，可以设置调节系数 K，取值范围为 0～2，即：

火电机组深度调峰服务费＝$K\times\Sigma$（该交易时段火电机组深度调峰电量×中标价格）

式中：火电机组深度调峰电量为火电机组按调度指令深度调峰的减发电量。

深度调峰服务费由深度调峰交易时段有上网电量的买方按其上网电量占比予以分摊。考虑不同类别市场主体在深度调峰市场中的影响或受益差异，可以分别设置分摊调节系数 K_i，即：

某市场主体深度调峰服务费分摊费＝深度调峰服务费总额×Σ（该交易时段内该市场主体上网电量×K_i）/Σ（该交易时段内各市场主体上网电量×K_i）

当前，深度调峰服务费一般在发电侧进行分摊，随着市场的不断完善和发展，应考虑与辅助服务相关的用电主体等参与分摊。

10. 火电启停调峰的服务费如何计算、如何分摊？

答：启停调峰服务费为调用机组启停调峰台次与市场出清价格乘积的总额，即：

启停调峰服务费总额＝Σ（启停调峰台次×中标价格）

启停调峰服务费由启停调峰交易时段有上网电量的买方按其上网电量占比予以分摊。考虑不同类别市场主体在调峰市场中的影响或受益差异，可以分别

设置分摊调节系数 K_i，即：

某市场主体启停调峰服务费分摊费＝启停调峰服务费总额×Σ（该交易时段内该市场主体上网电量×K_i）/Σ（该交易时段内各市场主体上网电量×K_i）

当前，启停调峰服务费一般在发电侧进行分摊，随着市场的不断完善和发展，应考虑与辅助服务相关的用电主体等参与分摊。

11. 市场主体对辅助服务调用、费用结算和考核等情况存在异议时，如何处理?

答：市场主体对辅助服务调用、费用结算和考核等情况如有异议，可以向市场运营机构提出，经复核后仍存在争议的，可以向能源监管机构投诉或举报，提请依法依规予以处理。

12. 申报设备容量不满足电网深度调峰需求或启停调峰需求时，如何处理?

答：一般来说，当所有参与深度调峰的申报设备容量均已调用，仍不能满足电网调峰需求时，可根据规则，以调峰总服务费最低为原则，逐档强制调用未申报机组的深度调峰能力。被强制调用机组按该交易时段内同负荷率区间申报机组最低报价结算。如同负荷率区间无报价，则按相邻的上个区间最低报价结算。如无机组申报，可无偿强制调用机组。

如参与启停调峰的申报机组均已调用，仍不能满足电网调峰需求，可根据规则强制调用未申报机组。被强制调用机组按该交易时段同一容量等级火电机组最低报价结算。如无机组申报，可无偿强制调用机组。

第六章 可再生能源消纳

1. 什么是可再生能源电力消纳责任权重?

答：可再生能源电力消纳责任权重是指按省级行政区域对电力消费规定应达到的可再生能源电量比例，包括可再生能源电力总量消纳责任权重和非水电可再生能源电力消纳责任权重。

2. 建立可再生能源电力消纳保障机制的目的和意义是什么?

答：建立可再生能源电力消纳保障机制的目的是促使各省级区域优先消纳可再生能源，加快解决可再生能源的弃风、弃光、弃水问题，同时促使各类市场主体公平承担消纳责任，形成可再生能源电力消费引领的长效发展机制。这对于推动我国能源结构调整，促进可再生能源的开发和利用，构建清洁低碳、安全高效的能源体系具有重要意义。

3. 可再生能源电力消纳保障工作的主要依据有哪些?

答：目前，可再生能源电力消纳保障工作的主要依据是：

《国家发展改革委　国家能源局关于建立健全可再生能源电力消纳保障机制的通知》（发改能源〔2019〕807 号）

《国家发展改革委　财政部 国家能源局关于试行可再生能源绿色电力证书核发及自愿认购交易制度的通知》（发改能源〔2017〕132 号）

《国家发改委办公厅　国家能源局综合司关于印发省级可再生能源电力消纳保障实施方案编制大纲的通知》（发改办能源〔2020〕181 号）

《国家发展改革委　国家能源局关于印发各省级行政区域 2020 年可再生能源电力消纳责任权重的通知》（发改能源〔2020〕767 号）

各省级能源主管部门颁布的《××省××年可再生能源电力消纳保障实施方案》

4. 承担可再生能源电力消纳责任的市场成员有哪些？

答：承担可再生能源电力消纳责任的市场成员包括市场主体和电力交易机构。其中，市场主体包括各类直接向电力用户供/售电的电网企业、独立售电公司、拥有配电网运营权的售电公司（简称配售电公司，包括增量配电项目公司）、通过电力批发市场购电的电力用户和拥有自备电厂的企业。

5. 可再生能源电力消纳责任权重指标分为哪几类？ 指标是怎么生成的？

答：可再生能源消纳责任权重指标包括总量消纳责任权重、非水电消纳责任权重两类，分别设置最低指标和激励性指标。

国务院能源主管部门每年组织有关机构对各省级行政区域可再生能源电力消纳责任权重进行统一测算、征求意见、综合论证后，下达各省级行政区域当年的可再生能源电力消纳责任权重指标（包括最低消纳责任权重和激励性消纳责任权重）。

6. 可再生能源电力消纳量怎么生成？

答：可再生能源电力消纳量由以下三部分的累加生成：

（1）通过电力市场购买的可再生能源电量。电力市场交易的可再生能源电量，按交易结算电量计入对应市场主体的消纳量。电网企业全额保障性收购的可再生能源电量，对经营区内各承担责任权重的市场主体进行分配，按分配电量计入各市场主体的消纳量。

（2）自发自用的可再生能源电量。按电网企业计量或经相关政府职能部门认可的自发自用电量，全部计入自发自用市场主体的消纳量。

（3）替代方式完成消纳量。从其他承担消纳责任的市场主体购买的消纳量或购买绿证折算的消纳量计入购买方的消纳量。承担消纳责任的市场主体售出的消纳量，以及出售绿证对应的消纳量，不再计入该市场主体的消纳量。按照权责对等的原则，免于消纳责任权重考核的农业用电或专用计量的供暖电量对应的消纳量不能用于交易或转让。

7. 什么是可再生能源电力超额消纳量市场化交易？

答：可再生能源电力超额消纳量市场化交易（简称超额消纳量交易）是指承担可再生能源电力消纳责任权重的市场主体为完成消纳量要求，向超额完成

年度可再生能源电力消纳量的市场主体购买其超额消纳量的交易。

每 1MWh 超额消纳量生成 1 个超额消纳凭证，作为超额消纳量交易的标的物。

8. 什么是绿证？ 什么是绿证交易？

答：绿色电力证书（简称绿证）是指国家可再生能源信息管理中心按照国家相关管理规定，依据可再生能源上网电量，通过国家能源局可再生能源发电项目信息管理平台，向符合资格的可再生能源发电企业颁发的具有唯一代码标识的电子凭证。

绿色电力证书交易（绿证交易）是指政府对企业的可再生能源发电核发绿证，绿证可以在能源企业间买卖，价格由市场竞争决定。每 1MWh 的结算电量对应 1 个绿证。绿证交易在中国绿色电力证书认购交易平台进行。绿证价格不高于绿证对应电量的可再生能源电价附加资金补贴金额。出售证书后，相应的电量不再享受国家可再生能源电价附加资金的补贴。

9. 可再生能源电力消纳责任的履行方式和履行步骤有哪些？

答：可再生能源电力消纳责任的履行方式有以下三种：

（1）购买或自发自用可再生能源电力。各承担消纳责任的市场主体以实际消纳可再生能源电量，完成消纳责任权重。

（2）购买其他市场主体完成的超额消纳量，双方自主确定交易或转让价格。

（3）购买可再生能源绿色电力证书，绿证对应的可再生能源电量等量记为消纳量。

可再生能源电力消纳责任的履行可分为以下两个步骤：

（1）统筹消纳履行。电网企业全额保障性收购其区域内的可再生能源电量对应的消纳量，首先用于完成其自身其经营区域内居民、农业、重要公用事业和公益性服务、非市场化用电量对应消纳责任权重。如有剩余，电网企业可按照经营区域内各其他市场主体（不含未与公用电网联网的拥有自备电厂的企业和独立经营的电网企业）购电量或用电量统筹分配剩余的保障性收购电量。

通过电力市场购买的可再生能源电量、自发自用的可再生能源电量、替代方式完成的消纳量对应的可再生能源电量（购买其他市场主体超额完成的消纳量、购买可再生能源绿色电力证书对应的消纳量）、电网企业分配的可再生能源电量等合计用于市场主体履行消纳责任权重。所有市场主体统筹履行当年度省级行政区域消纳责任权重，超额消纳量可在全国可再生能源消纳责任权重市场售出。

（2）补充消纳履行。

若统筹消纳履行未能完成省级行政区域当年度消纳责任权重，则采用补充消纳履行补足。按省级行政区域当年度消纳责任权重对应消纳量的缺口，由各市场主体在全国可再生能源电力超额消纳量市场购买超额消纳量或绿证，以补充消纳量缺额，直至完成履行省级行政区域当年度消纳责任权重。

10. 如何考核可再生能源电力消纳责任权重的完成情况？

答：可再生能源电力消纳责任权重完成情况的考核分为两个层次：一是省级能源主管部门负责对消纳责任的市场主体进行考核；二是国家按省级行政区域进行监测评价。省级能源主管部门对未完成消纳责任的市场主体督促整改，对逃避消纳社会责任且在规定时间内不按要求进行整改的市场主体，依规列入不良信用记录，纳入失信联合惩戒。国家按年度公布监测评价报告，作为对其能耗“双控”考核的依据。

第七章　电力交易结算

1. 电力交易结算的基本流程是什么？

答：电力交易结算的基本流程如下：

（1）计量采集数据获取；

（2）数据核对；

（3）合同分解；

（4）形成预结算单并发布；

（5）收集反馈意见并核实；

（6）形成正式结算单；

（7）审批、签字、盖章、发布、存档。

2. 发电企业首次结算需要注意哪些事项？

答：主要要注意：

（1）发电企业应于结算前 5 个工作日内将首次并网发电时间告知电力交易机构。

（2）发电企业每月 1 日应在交易平台填报上月上网电量数据，如遇交易平台故障，可采用电子邮件或传真方式报送。存在穿越功率的电厂每月 1 日应采用电子邮件、传真等方式，发送上月电能量抄见单至电力交易机构。

（3）发电企业应于每月 15 日前将上月电能量抄见单纸质件送至电力交易机构，纸质件应由发电企业及被授权的电网企业下属市/县供电公司共同确认，签字、盖章后将原件送至电力交易机构。抄报单位应保证报送的纸质件数据与交易平台报送的数据一致。如发电企业未按时报送电能量抄见单纸质件，电力交易机构可对其暂缓结算。

（4）发电企业应在预结算单、预清算单发布后登录交易平台进行核对确认。如有异议，应在一个工作日内向电力交易机构提出；逾期未提出的，视为无异议。

3. 在哪里查看电能量抄见单模板?

答：市场主体可在各省（市）电力中长期交易实施细则的附件中查看模板。

4. 为什么结算上网电量与发电企业上报数据有差别?

答：由于结算上网电量采用电能量自动抄表系统抄读的电量，该系统可采集到关口表计电量所有小数位，而电厂现场抄表数据一般只有4位小数，所以二者略有差别。

5. 如何计算强制上调价差?

答：(1) 如果有发电企业参与了预挂牌上调招标交易申报，则强制上调价差等于结算周期内所有发电企业上调申报价差的最小值。

(2) 如果所有发电企业均不参与预挂牌上调招标交易申报，则强制上调价差等于火电上网标杆价的－15％。

6. 如何计算强制下调补偿价格?

答：(1) 如果有发电企业参与了预挂牌下调招标交易申报，则从结算周期内所有发电企业申报的下调补偿报价中取出最小值作为最低补偿价格，否则最低补偿价格默认为零。

(2) 从在结算周期内的全部市场交易合同（不含厂网间购售电合同、辅助服务合同、按日清分的月内短期交易合同）中取出电量、市场交易价格（上网价格）数据，计算市场交易电量加权均价。

(3) 强制下调补偿价格＝ min {最低补偿价格，市场交易均价×0.1}。

7. 火电发电企业交易电量各成分按什么顺序进行结算?

答：火电发电企业交易电量各成分按照以下顺序进行结算计算：

(1) 按日清分电量的月内短期市场交易合同，例如，临时应急外送交易合同；

(2) 月度（年度）市场交易合同；

(3) 基数电量；

(4) 超发电量（自身原因造成的多发电量）；

(5) 上调电量。

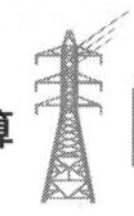

如果提供了下调减发服务，则获得下调补偿电费；自身原因造成的少发电量将被考核。

8. 如何计算火电发电企业按日清分电量的月内短期市场交易合同电费？

答：月内短期市场合同结算电量 $Q_{i日清分结算}=Q_{i日清分}$，按日清分电量的月内短期市场合同结算电费收入 $R_{i日清分结算的}$ 计算公式如下：

$$R_{i日清分结算}=\sum_{t=1}^{T}Q_{it日清分}\times P_{it日清分}$$

式中：$Q_{i日清分}$ 为日清分电量之和；$Q_{it日清分}$ 为火电企业 i 的第 t 天的日清分电量；$P_{it日清分}$ 为火电企业 i 的第 t 天的电价（交易价差＋批复上网电价）；T 为结算月的天数。

剩余电量进行月度（年度）市场交易合同结算计算。

9. 如何计算火电发电企业月度（年度）市场交易合同电费？

答：(1) 如果（结算单元上网结算电量－结算单元日清分合同结算电量－结算单元月合同电量≤0，则月合同电量电费＝（结算单元上网结算电量－结算单元日清分合同结算电量）×结算单元月合同电量加权平均价。

接下来跳过基数、超发、上调电量结算，依次进行少发考核电量电费计算、下调补偿电费结算、负偏差价差电费计算。

如果（结算单元上网结算电量－结算单元日清分合同结算电量－结算单元月合同电量）＞0，

则月合同电量电费 $R_{i月合同结算}$ 为：

$$R_{i月合同结算}=\sum_{t=1}^{T}Q_{it月合同}\times P_{it月合同}$$

式中：$Q_{it月合同}$ 为火电企业 i 的第 t 个月度（年度）合同的电量；$P_{it月合同}$ 为火电企业 i 的第 t 个月度（年度）合同的电价（交易价差＋批复上网电价）；T 为火电企业 i 当月的月度（年度）合同数量。

剩余电量进行基数电量结算计算。

10. 如何计算火电发电企业基数电量电费？

答：(1) 如果（结算单元上网结算电量－结算单元日清分合同结算电量－

结算单元月合同结算电量－结算单元基数计划电量）≤0，则基数电量电费＝（结算单元上网结算电量－结算单元日清分合同结算电量－结算单元月合同结算电量）×火电批复上网电价。

接下来跳过超发、上调电量结算，依次进行少发考核电量电费计算、下调补偿电费结算、负偏差价差电费计算。

（2）如果（结算单元上网结算电量－结算单元日清分合同结算电量－结算单元月合同结算电量－结算单元基数计划电量）＞0，则基数电量电费＝结算单元基数计划电量×火电批复上网电价。

剩余电量进行超发电量结算计算。

11. 如何计算火电发电企业超发电量结算电费？

答：电力调度机构每月向电力交易机构提供每个燃煤公用火电企业因自身原因（包括设备故障、非计划停运、缺煤或煤质差、不服从调度命令等）导致的超发电量和少发电量。因自身原因导致的超发电量先按其批复上网电价结算，再按火电上网标杆价的15％支付偏差考核费。

超发电量＝min｛（结算单元上网结算电量－结算单元日清分合同结算电量－结算单元月合同结算电量－结算单元基数结算电量），电力调度机构提供自身原因多发电量｝。

超发电量电费＝超发电量×批复上网电价。

超发考核电费＝－超发电量×火电发电企业标杆电价×0.15。

超发电量结算电费＝超发电量电费＋超发考核电费。

剩余电量进行上调电量结算计算。

12. 如何计算火电发电企业上调电量电费？

答：如果火电发电企业参与了预挂牌上调招标交易申报，则上调电量结算电价＝（批复上网电价＋上调申报价差）；如果其未参与申报，则上调电量结算电价＝（批复上网电价＋强制上调价差）。

上调电量电费＝（结算单元上网结算电量－结算单元日清分合同结算电量－结算单元月合同结算电量－结算单元基数结算电量－结算单元超发结算电量）×上调电量结算电价

13. 如何计算火电发电企业少发考核电量电费？

答：取出电力调度机构提供的火电企业因自身原因导致的少发电量，这部分电量按火电批复上网电价的10％支付偏差考核费用。

火电发电企业少发考核电费＝－火电发电企业自身少发电量×火电批复上网电价×0.1。

14. 什么是下调补偿电费？

答：发电企业因非自身原因未完成当月市场合同电量时，视为提供了下调减发服务，获得下调补偿电费。火电发电企业下调包含基数电量下调和合同电量下调，可再生能源发电企业下调只包含合同电量下调。

15. 如何计算火电发电企业下调补偿电费？

答：如果火电发电企业参与了预挂牌下调招标交易申报，则下调电量结算电价＝下调申报补偿价格，如果其未参与申报，则下调电量结算电价＝强制下调补偿价格。

下调电量电费＝下调结算电量×下调电量结算电价

（1）如果（结算单元月合同结算电量＋结算单元基数结算电量＋结算单元自身少发电量）＜结算单元月合同电量，则

结算单元月合同下调结算电量＝结算单元月合同电量－（结算单元月合同结算电量＋结算单元基数结算电量＋结算单元自身少发电量）

结算单元基数下调结算电量＝结算单元基数计划电量

结算单元下调结算电量＝结算单元月合同下调结算电量＋结算单元基数下调结算电量

（2）如果结算单元月合同电量≤（结算单元月合同结算电量＋结算单元基数结算电量＋结算单元自身少发电量）＜（结算单元月合同电量＋结算单元基数计划电量），则

结算单元合同下调结算电量＝0

结算单元基数下调结算电量＝（结算单元月合同电量＋结算单元基数计划电量）－结算单元月合同结算电量＋结算单元基数结算电量＋结算单元自身少发电量）

结算单元下调结算电量＝结算单元月合同下调结算电量＋结算单元基数下调结算电量

如果（结算单元月合同结算电量＋结算单元基数结算电量＋结算单元自身少发电量）≥（结算单元月合同电量＋结算单元基数计划电量），则结算单元下调结算电量＝0。

下一步，进行负偏差价差电费计算。

16. 什么是负偏差价差电费？

答：如果发电企业因自身原因不能完成其月度市场交易合同电量时，对于未完成的合同电量，发电企业应承担未完成合同的价差电费，即负偏差价差电费。

17. 如何计算火电发电企业负偏差价差电费？

答：如果（月合同结算电量＋月合同下调结算电量）≥月合同电量，则负偏差电量＝0；

否则，负偏差电量＝（月合同结算电量＋月合同下调结算电量）－月合同电量。

负偏差价差电费＝－负偏差电量×月合同电量加权平均价差。

可再生能源发电企业负偏差价差电费计算方法同上。

18. 可再生能源发电企业交易电量各成分按什么顺序进行结算？

答：可再生能源发电企业交易电量各成分按照以下顺序进行结算计算：

（1）按日清分电量的月内短期市场交易合同，例如，减弃增发应急外送交易合同；

（2）月度（年度）市场交易合同；

（3）优先发电量。

如果提供了下调减发服务，获得下调补偿电费。

19. 如何计算可再生能源发电企业按日清分电量的月内短期市场交易合同电费？

答：月内短期市场合同结算电量 $Q_{j日清分结算}=Q_{j日清分}$，按日清分电量的月内短期市场合同结算电费收入 $R_{j日清分结算}$ 计算公式如下：

$$R_{j日清分结算} = \sum_{t=1}^{T} Q_{jt日清分} \times P_{jt日清分}$$

式中：$Q_{jt日清分}$为发电企业j的第t天的日清分电量；$P_{jt日清分}$为发电企业j的第t天的电价（交易价差＋批复上网电价）；T为结算月的天数。

剩余电量进行月度（年度）市场合同结算计算。

20. 如何计算可再生能源发电企业月度（年度）市场交易合同电费？

答：（1）如果（结算单元上网结算电量－结算单元日清分合同结算电量－结算单元月合同电量）≤0，则月合同电量电费＝（结算单元上网结算电量－结算单元日清分合同结算电量）×结算单元月合同电量加权平均价。

接下来跳过优先电量结算，依次进行下调补偿电费结算、负偏差价差电费计算。

（2）如果（结算单元上网结算电量－结算单元日清分合同结算电量－结算单元月合同电量）＞0，则可再生能源发电企业月合同电量电费$R_{j月合同结算}$为：

$$R_{j月合同结算} = \sum_{t=1}^{T} Q_{jt月合同} \times P_{jt月合同}$$

式中：$Q_{jt月合同}$为发电企业j的第t个月度（年度）合同电量；$P_{jt月合同}$为发电企业j的第t个合同的电价（交易价差＋批复上网电价）；T为发电企业j当月的月度（年度）合同数量。

剩余电量进行优先发电电量结算计算。

21. 如何计算可再生能源发电企业优先发电电量电费？

答：对于可再生能源发电企业合同结算剩余电量，全部按照发电企业批复上网电价结算。

优先发电电量电费＝（结算单元上网结算电量－结算单元日清分结算电量－结算单元月合同结算电量）×批复上网电价

22. 如何计算可再生能源发电企业下调补偿电费？

答：如果可再生能源发电企业参与了预挂牌下调招标交易申报，则下调电量结算电价＝下调申报补偿价格；如果其未参与申报，则下调电量结算电价＝强制下调补偿价格，下调电量电费＝下调结算电量×下调电量结算电价。

当$Q_{j月合同} - Q_{j月合同结算} - Q_{j自身少发} > 0$时，下调结算电量＝$Q_{j月合同} - Q_{j月合同结算} -$

$Q_{j自身少发}$。

当 $Q_{j月合同}-Q_{j月合同结算}-Q_{j自身少发}\leqslant 0$ 时，下调结算电量＝0。

式中：$Q_{j月合同}$ 为可再生能源发电企业 j 的月度（年度）合同总量；$Q_{j月合同结算}$ 为可再生能源发电企业 j 结算的月度（年度）合同电量；$Q_{j自身少发}$ 为电力调度机构提供的可再生能源发电企业 j 自身原因造成的少发电量。

下一步，进行负偏差价差电费计算。

23. 什么是下调服务成本?

答：下调服务产生两部分成本：提供下调服务发电企业的补偿成本、提供下调服务发电企业的未执行合同的价差电费，其中，市场化交易合同产生价差电费，基数合同不产生价差电费。

24. 什么是下调分摊?

答：可再生能源电厂超发造成发电侧净下调（各类下调电量减去上调电量之差大于零）时，应根据净下调电量与超发电量的大小，承担相应的下调资金缺额（下调补偿电费与下调合同价差电费之和）。

25. 如何计算净下调电量?

答：净下调电量＝火电发电企业结算下调电量＋可再生能源发电企业结算下调电量－火电发电企业结算上调电量。

26. 如何计算可再生能源发电企业超计划电量?

答：每个可再生能源发电企业超计划电量＝结算单元上网结算电量－结算单元日清分合同结算电量－结算单元月合同结算电量－结算单元优先计划电量。当结果小于0时，超计划电量视为0。

可再生能源发电企业总超计划电量为每个可再生能源发电企业超计划电量之和。

27. 下调分摊电费产生的前提是什么?

答：当净下调电量≥0且可再生能源发电企业总超计划电量≥0时，总下调分摊电量等于两者的最小值，否则本月无下调分摊电量及电费。

28. 如何计算发电企业下调分摊电费?

答：总下调分摊电费＝总下调分摊电量×（下调均价差－下调补偿均

价）$\times K$。

每个可再生能源发电企业下调分摊电费＝总下调分摊电费×结算单元超计划电量÷可再生能源发电企业总超计划电量。

在总下调分摊电费的计算环节引入 K 值调节系数，该式中 K 为分摊系数，取值范围为0.5～1，在交易公告中明确。

29. 为什么财务结算金额与交易平台发布的结算依据有差别？

答：因为财务结算金额不仅包含结算单、清算单的费用，还可能包含超低排放、“两个细则”考核、可再生能源补贴等费用。若市场主体发现结算金额与平台发布结算依据不一致，可向电网公司财务资产部门相关负责人咨询。

30. 售电公司的电费结算周期是多久？

答：售电公司电费结算原则上每月结算一次，按月清算。

31. 售电公司如何查询自己的结算单信息？

答：市场主体可登录省级电力交易平台，进入“我的结算”→“结算结果查询及确认”菜单，选择对应的结算周期查询即可。通常情况下，系统支持PDF和Excel两种文件格式下载。

32. 售电公司首次开展电费结算前需提供哪些资料？

答：售电公司需向电网企业提供售电公司基础信息、增值税专用发票信息、电费结算银行账户备案等相关信息；加盖公章后，在开展电费结算前提交电网企业财务部门。

33. 售电公司如何进行交易电费资金结算？

答：售电公司收到市场化交易结算单后，联系公司注册所在地的（地市级）电网企业财务部，相互核对结算结果；核对无误后，开具增值税专用发票，办理资金收付清算。结算结果为正时，由电网企业向售电公司开具增值税专用发票；结算结果为负时，由售电公司向电网企业开具增值税专用发票。

34. 售电公司与零售用户的交易价差如何约定？

答：交易价差由售电公司与零售用户协商确定，由售电公司登录交易平台填报、零售用户在规定时限内对售电公司填报的价差予以确认。

35. 零售价差的填报是否有时限要求?

答：有。每月月初 5 个工作日内须完成当月零售价差的填报及确认工作，其中，10kV 以下的低电压用户价差须在月初 1 号完成申报。如果售电公司未及时填报交易价差，则按该售电公司当月批发市场购电合同均价差（不含月内合同转让交易）认定并计算零售价差；如果售电公司按时填报了交易价差，而零售用户未及时确认交易价差，视为零售用户无异议，按售电公司填报的交易价差进行计算。

36. 售电公司与其代理的零售用户正式开始结算须满足哪些条件?

答：售电公司与其代理的零售用户正式开始结算须同时满足以下三个条件：①零售三方协议已生效；②用户结算单元信息完整且生效；③电网企业营销采集的市场化电量已正确传递到交易平台。

37. 售电公司的交易电费由哪几部分构成?

答：售电公司的交易电费包含购电合同价差电费收入、零售用户价差电费支出、偏差电费支出。

38. 售电公司的购电合同总量怎么计算?

答：购电合同总量即售电公司结算周期对应的所有有效购电交易合同（含年度合同分解到月）的电量之和，包括双边协商、集中竞价、挂牌及转让交易电量。

39. 售电公司的购电合同总价差电费怎么计算?

答：售电公司结算周期对应的所有有效购电交易合同（含年度合同分解到月）电量乘以交易合同的价差之和，即为总购电价差电费。

40. 售电公司的购电合同均价差怎么计算?

答：购电合同均价差即售电公司结算周期内购电合同总价差电费除以购电合同总量，扩需增发专场交易、电动汽车绿电交易购电合同也纳入售电公司购电合同均价计算。

41. 售电公司的用电量怎么计算?

答：结算周期内，与售电公司绑定购售电关系的所有零售用户的市场化用

电量（大工业、一般工商业类别的用电量）之和，即为售电公司的用电量。

42. 售电公司的偏差电量怎么计算？

答：售电公司用电量基于购电量的偏差称为偏差电量。偏差电量分为两部分，一部分是±3%（含）以内的偏差电量，另一部分是超出±3%以上的偏差电量。对扩需增发专场交易、电动汽车绿电交易－10%以上的负偏差电量将进行叠加考核。

43. 什么是市场上调/下调均价？

答：市场上调均价为发电侧上调服务加权平均价；市场下调均价为发电侧下调电量补偿加权平均价。市场上调/下调均价根据上、下调预挂牌交易成交结果计算得到。

44. 售电公司的偏差电费怎么计算？

答：在偏差电费的计算环节引入 K 值调节系数。对于±3%（含）以内的偏差电量，按合同加权平均价结算，免于考核；对于超出 3%以上的正偏差电量，按该结算周期内的市场上调均价的 K_1 倍与大工业购电基准价（购电基准价按“销售目录电度电价－输配电价－政府性基金与附加”确定）的差值进行结算；对于超出－3%以上的负偏差电量，按售电公司该结算周期内的购电合同均价差与市场下调均价的 K_2 倍的差值进行结算；扩需增发专场交易、电动汽车绿电交易－10%以上的偏差电量对应的专场交易合同价差从售电公司予以扣除，纳入结算周期电力市场清算。

45. 偏差考核系数 K_1、 K_2 的取值范围各是多少？

答：正偏差考核调节系数 K_1 的取值范围为1.0～1.5，负偏差考核调节系数 K_2 的取值范围为0.1～1.5。K_1、K_2 的确定由电力交易机构测算后提出建议值，经市场管理委员会讨论，报电力市场监管部门批准后执行。

46. 偏差电费的资金去向是什么？

答：售电公司（直接交易用户）的偏差电量产生的价差资金缺额或资金溢余、无正当理由退市的电力用户的退市考核费用，都将纳入批发市场清算。

47. 如果对结算结果有争议该如何申诉？

答：市场主体收到电费结算依据后，应进行核对确认。若有异议，应在一

个工作日之内向电力交易机构提出；逾期未提出的，视为无异议。

48. 哪些情形下，售电公司可以申请调整或核减偏差考核？

答：由于政府下达停产限产通知、有序用电、电网运行方式调整、抄表例日变更、三方协议签订延误或错误、不可抗力等原因导致直接交易用户或售电公司产生或增加了偏差考核电量的，可根据直接交易用户或售电公司的申请和有权部门的有效证明文件计算核减偏差电量。

49. 售电公司如何申请调整或核减偏差考核？

答：售电公司（直接交易用户）向电力交易机构递交偏差考核电量电费调整申请，详细说明申请调整事项、调整依据及调整月份，并按要求提供相关证明材料。

50. 电力用户参与市场交易的方式有哪些？

答：35kV及以上电压等级的准入电力用户可以选择参与批发市场交易，直接向发电企业购电；也可选择参与零售市场交易，向售电公司购电，但两种方式同期只能选择其一。10kV及以下电压等级的准入用户原则上不能直接参与批发市场交易，只能选择参与零售市场交易，向售电公司购电。

51. 电力用户参与市场交易后，基本电费、峰谷分时电费、功率因数调整电费是否发生变化？

答：不发生变化，仍继续执行价格主管部门的相关政策。

52. 电力用户参与市场化交易后，电费交纳方式是否发生变化？

答：不发生变化，仍交纳至原供电单位。

53. 市场化用户的电费结算周期多长？

答：市场化用户的电费按月结算。

54. 市场化用户的结算主体如何确定？

答：以电网企业营销系统中的用电户号为结算主体。

55. 执行工商业电价的公用事业和公益服务行业的电力用户是否可参与市场化？

答：根据《国家发改委关于全面放开经营性电力用户发用电计划的通知》

（发改运行〔2019〕1105号）的规定，居民、农业、重要公用事业和公益性服务等行业的电力用户以及电力生产供应所需的厂用电和线损不属于经营性用电，故不能参与市场化。

56. 什么是直接交易用户？

答：电压等级35kV及以上、选择参与批发市场交易直接向发电企业购电的电力用户。

57. 直接交易用户首次结算需要注意哪些事项？

答：直接交易用户完成注册后，确保在待结算月签订《批发市场电能交易合同》，在电力交易机构有正确的结算单元，在电网营销部门有正确的市场化关系。

58. 直接交易用户电费由哪几部分组成？

答：直接交易用户电费＝交易电费＋输配电价电费＋政府性基金及附加电费，其中，交易电费＝交易合同电费＋偏差电费。

59. 直接交易用户的合同电费如何组成？

答：直接交易用户与某一电厂成交的合同电量乘以合同价格（交易价差＋购电基准价）等于该笔合同的合同电费。直接交易用户的合同电费等于结算月成交的各个合同电费之和。

60. 直接交易用户的偏差电量如何计算？

答：直接交易用户的偏差电量为实际用电量与合同总电量的差值。

61. 直接交易用户偏差1电量、电费如何计算？

答：偏差1电量为±3%（含）以内的偏差电量，偏差1电量电费＝偏差1电量×直接交易用户当月合同均价。

62. 直接交易用户偏差2电量、电费如何计算？

答：直接交易用户偏差2电量分为正偏差电量和负偏差电量，其中超出3%以上的电量为正偏差电量，偏差电费＝偏差2电量×当月市场上调均价×正偏差考核系数K_1；超出－3%以上的电量为负偏差电量，偏差电费＝偏差2电量×（直接交易用户当月合同均价－当月市场下调均价×负偏差考核系数K_2）。

63. 直接交易用户偏差电量价差电费如何计算?

答：直接交易用户偏差考核范围（含）以内的偏差电量价差电费 $C_{m偏差价差1}$ 仅用于市场电费清算。$C_{m偏差价差1}$ ＝偏差考核范围（含）以内的偏差电量×市场合同平均价差。

64. 直接交易用户偏差电量清算电费如何计算?

答：直接交易用户偏差考核范围以外的偏差电量清算电费 $C_{m偏差2}$ 清算仅用于市场电费清算。$C_{m偏差2清算}$ ＝偏差考核范围以外的偏差电量×（市场合同平均价差－市场下调均价×负偏差考核系数 K_2）。

65. 哪些情形下，直接交易用户可以申请调整或核减偏差考核电量?

答：由于政府下达停产限产通知、有序用电、电网运行方式调整、抄表例日变更、三方协议签订延误或错误、不可抗力等原因导致直接交易用户产生或增加了偏差考核电量的，可根据直接交易用户的申请和有权部门的有效证明文件计算核减偏差电量。

66. 直接交易用户如何申请调整或核减偏差考核?

答：直接交易用户向电力交易机构递交偏差考核电量电费调整申请，详细说明申请调整事项、调整依据及调整月份，并按要求提供相关证明材料。

67. 直接交易用户是否可以进行合同转让?

答：在合同转让期间，直接交易用户可以与其他直接交易用户或售电公司进行合同转让。

68. 什么是零售用户?

答：选择参与零售市场交易向售电公司购电的电力用户。

69. 零售用户首次结算需要注意哪些事项?

答：零售用户完成注册后，确保已完成的《市场化零售业务协议》在待结算月是生效状态，确保有正确的结算单元和正确的市场化关系。零售用户和售电公司按时完成价差申报和确认。

70. 如何界定扩需增发交易电量?

答：列入扩需增发交易准入目录的用户的交易电量为其全部市场化用电

量，应在电网企业营销系统中单独立户、计量，不得重复参与其他市场化中长期交易。

71. 零售用户电费由哪几部分组成？

答：零售用户电费＝零售交易电费＋输配电价电费＋政府性基金及附加电费，其中，零售交易电费＝零售交易电价×市场化交易电量，零售交易电价＝购电基准价＋交易价差。

72. 零售用户的价差申报确认值是否有范围？

答：有，零售用户的价差应小于等于0元/MWh。

73. 市场化用户电费发行后，若存在争议如何处理？

答：若遇电费争议，市场化用户先按原计算结果交纳电费，待争议解决后进行退补处理。

74. 如何处理市场化用户的电量电费退补？

答：电力交易机构协同电网营销部门对应抄表、计量、计算等原因造成的电量电费差错进行审核，并按照差错实际发生时间及所执行电价重新计算和退补。

75. 零售用户如何查询自己的价差及计划信息？

答：使用零售用户对应的账号登录电力交易平台，进入“我的结算”→“用户用电计划值确认”菜单，选择对应月份查询即可。

76. 营销计量点电价与交易平台计量点电价不一致，如何处理？

答：以营销计量点电价为准，用户或售电公司联系电力交易机构维护成一致。

77. 营销业务系统与交易平台数据如何实现对接？

答：电网企业按照电力市场结算要求定期抄录电力用户电能计量装置数据，并提交电力交易机构，再由电力交易机构出具市场化用户的结算依据。

78. 零售用户变更哪些业务会影响结算？

答：增减计量点、变更原有计量点电价、改变原有户号名称等，会导致交易系统和营销系统数据不一致而导致结算异常。

79. 当零售用户在交易平台调取用户计量点失败，并提示“存在在途的抄核流程”，该如何处理？

答：存在在途的抄核流程表示对应的零售用户在营销系统存在在途的抄核流程，若零售用户需要增减计量点后才能使该用户电费计算正确，则应该先终止对应在途的抄核流程，再完成增减计量点后进行抄核流程。

80. 什么是清算？

答：每月发电企业、电力用户和售电公司的交易结算完成后，电力交易机构开展批发市场电费清算，统计电费清算盈余情况，提出清算结果分配方案，报电力监管机构和政府主管部门批准后执行。

81. 清算包含什么内容？

答：电费清算的内容包括：电力用户、售电公司和发电企业的偏差考核产生的收益，退市用户用电考核（超出目录电价结算的价差）收益，发电企业上调服务价差收益和下调服务资金缺额，以及合同执行偏差电费。其中，合同执行偏差电费指的是因市场主体±3%以内（允许偏差范围）偏差电量不考核产生的电费差。

82. 如何计算电力用户、售电公司的偏差结算收益？

答：电力用户、售电公司的偏差结算收益的计算公式为：

$$R_{用户侧考核} = \sum_{m=1}^{M} C_{m偏差2清算} + \sum_{n=1}^{N} C_{n偏差2}$$

式中：$C_{m偏差2清算}$ 为直接交易用户 m 偏差考核范围以外的偏差电量清算电费；$C_{n偏差2}$ 为售电公司 n 偏差考核范围以外的偏差电量电费。

83. 如何计算发电企业偏差考核收益？

答：发电企业偏差考核收益的计算公式为：

$$R_{发电侧考核} = -\left(\sum\nolimits_{i=1}^{I} R_{i超发考核} + \sum\nolimits_{i=1}^{I} R_{i少发考核} + \sum\nolimits_{j=1}^{J} R_{j超发考核}\right)$$

式中：$R_{i超发考核}$ 为火电企业 i 的超发考核费；$R_{i少发考核}$ 为火电企业 i 的少发考核费；$R_{j超发考核}$ 为其他发电企业 j 的超发考核费。

84. 如何计算退市用户考核收益？

答：退市用户考核收益的计算公式为：

$$R_{退市考核}=\sum_{m=1}^{M}C_{m退市考核}$$

式中：$C_{m退市考核}$为用户 m 的退市价差电费。

85. 如何计算火电上调服务价差收益？

答：火电上调服务价差收益的计算公式为：

$$R_{上调服务}=\sum_{i=1}^{I}Q_{i上调结算}\times(P_{i批复}-P_{i上调结算})$$

式中：$Q_{i上调结算}$为火电企业 i 的上调结算电量；$P_{i批复}$为火电企业 i 的上网批复价；

$P_{i上调结算}$为火电企业 i 的上调结算电价。

86. 如何计算下调服务资金缺额？

答：下调服务资金缺额为所有下调服务成本减去可再生能源发电企业分摊的下调电费。

$$R_{下调服务}=C_{下调价差电费}-C_{下调补偿}-R_{总下调分摊}$$

式中：$C_{下调补偿}$为下调服务补偿成本；$C_{下调价差电费}$为发电企业下调合同的价差电费；$R_{总下调分摊}$为可再生能源发电企业的下调分摊电费。

87. 如何计算合同执行偏差电费？

答：合同执行偏差电费的计算公式为：

$$R_{合同清算}=\sum_{m=1}^{M}C_{m偏差价差1}+\sum_{n=1}^{N}C_{n偏差1}$$

式中：$C_{m偏差价差1}$为直接交易用户 m 偏差考核范围（含）以内的偏差电量价差电费；

$C_{n偏差1}$为售电公司 n 偏差考核范围（含）以内的偏差电量电费。

88. 如何计算总清算电费？

答：市场电费清算结果为以下 6 项费用之和，即：

$$E_{市场清算}=R_{用户侧考核}+R_{发电侧考核}+R_{退市考核}+R_{上调服务}+R_{下调服务}+R_{合同清算}$$

$E_{市场清算}$数值为正表示盈余，数值为负表示亏损。

89. 清算为正时如何计算返还盈余电费？

答：如果市场电费清算结果为正数，则按照当月市场交易合同电量（含年度合同分月电量，不含清洁能源应急外送合同电量）的比例返还参与市场交易的发电企业，也可转存下月平衡账户，用于后续月度清算或电力市场技术支持系统建设与运维，最终进行年度清算。

每个发电企业的清算电费＝结算单元市场月度合同电量÷总市场月度合同电量×总清算电费。

90. 清算为负时如何分摊电费？

答：如果市场电费清算结果为负数，则首先由市场化发电企业（不含可再生能源发电企业）按照上调电量占比分摊平衡账户亏空金额，但超发电量度电分摊金额不超过下调补偿均价与下调电量合同价差均值绝对值之和的50%；剩余亏空金额全部由发电侧市场主体按当月上网电量（扣除已参与分摊的超发电量、上调电量和专场交易结算电量）在总上网电量的占比中分摊。

91. 什么是上调分摊？

答：当市场电费清算结果为负数时，由火电发电企业按照上调电量占比分摊平衡账户亏空金额。

92. 如何计算上调分摊电费？

答：总上调分摊电费＝max｛－（下调补偿均价－下调均价差）×0.5×火电总上调结算电量，市场清算电费｝。

每个火电发电企业的上调分摊电费＝结算单元上调结算电量÷火电总上调结算电量×总上调分摊电费。

93. 什么是剩余分摊？

答：当火电发电企业上调分摊完后，清算资金池仍有亏空，剩余亏空金额全部由发电侧市场主体按当月上网电量（扣除已参与分摊的超发电量、上调电量和专场交易结算电量）在总上网电量的占比中分摊。

94. 如何计算剩余分摊电费？

答：总剩余分摊电费＝市场总清算电费－火电总上调分摊电费，当结果大于0时，则总剩余分摊电费为0。

每个火电发电企业的剩余分摊电量＝结算单元上网结算电量－结算单元上

调结算电量－结算单元专场交易合同电量。

每个可再生能源发电企业的剩余分摊电量＝结算单元上网结算电量－结算单元下调分摊电量－结算单元应急外送电量－本单元专场交易合同电量。

每个发电企业的剩余分摊电费＝结算单元剩余分摊电量÷（火电总剩余分摊电量＋可再生能源总剩余分摊电量）×总剩余分摊电费。

95. 预结算单、预清算单什么时候发布？

答：当月预结算单于次月初第五个工作日发布，当月预清算单于次月下旬发布。

96. 预结算单、预清算单与正式结算单、正式清算单有何区别？

答：预结算单、预清算单数据经市场主体确认，电力交易机构审核无误后即可生成正式结算单、清算单。正式单每月 25 日加盖电子章，市场主体可于交易平台下载保存以作为正式结算的依据。未加盖电子章的结算单、清算单不能视为正式结算的依据。

97. 如何在交易平台填报上网电量？

答：打开交易平台网站，在“我的结算”→“表计底码上报”菜单中填报止码即可，填完后在空白处点击一下以保证信息填写完整，然后进行计算。具体操作可查看操作手册。操作手册在电力交易平台外网常见问题中可自行下载查看。

98. 如何在交易平台查看优先计划值？

答：下月优先计划值由电力交易机构每月底在交易平台信息发布中发布，市场主体可在电力交易平台外网“市场信息”→“信息发布”菜单中自行下载查看。

99. 如何在交易平台查看和确认结算依据？

答：可在“我的结算”→“结算结果查询及确认”菜单中查看，具体操作可查看操作手册。操作手册在电力交易平台外网常见问题中可自行下载查看。

100. 如何在交易平台进行换表操作？

答：首先，进入表计底码上报模块，选择结算月份，在表计起码处填写各

关口结算月 1 日零点的连续表码值，在表计止码处填写结算月月末日 24 点的冻结值。然后，用鼠标左键点击需要换表的关口名称，再点击“表计变更”，在弹出的小窗口选择换表日期，填写换表后的倍率，点击“确定”按钮。此时，表计名称显示蓝色，并多了“换表”两字。根据换表工单信息，在“变更前止码”和“变更后起码”处填写对应尖、峰、平、谷表码，最后点击“保存”按钮，退出窗口。

101. 计量点设置的基本原则是什么?

答：(1) 原则上计量装置应安装在产权分界点，产权分界点无法安装计量装置的，在计算电量时考虑相应的变（线）损。

(2) 应当在跨省跨区输电线路两端安装符合技术规范的计量装置，跨省跨区交易均应明确其结算对应的计量点。

(3) 对于发电企业、跨区跨省交易送受端，同一计量点应安装同型号、同规格、同精度的主、副电能表各一套，主、副电能表应有明确标志。

102. 对于共用计量点的发电机组电量如何进行拆分?

答：多台发电机组共用计量点且无法拆分，各发电机组需分别结算时，按照每台机组的实际发电量等比例计算各自上网电量。对于风电、光伏发电企业处于相同运行状态的不同项目批次共用计量点的机组，可按照额定容量比例计算各自上网电量。处于调试期的机组，如果和其他机组共用计量点，按照机组调试期的发电量等比例拆分共用计量点的上网电量，确定调试期的上网电量。

103. 发电企业计量数据采集和抄报流程是怎样的?

答：(1) 月度上网电量以上网计量关口电能表每月最后一天 24：00 时的当月表码计量数据为依据。当月该发电企业发电上网电量与用电下网电量（以下简称抄见电量）须经发电企业和电网企业下属的市供电公司共同核算、确认。

(2) 正常情况下，月度上网电量以关口电能量主表的数据作为依据，副表的数据用于对主表数据进行核对或在主表发生故障或因故退出运行时，代替主表计量。

(3) 凡具备远方采集电量数据条件的，均应以远方采集系统采集的电量数据作为结算依据。若暂不具备远方采集电量数据条件，或主站管理系统出现问

题影响结算数据正确性时，则以现场抄录数据为准。现场抄录须利用电能表的冻结功能设定（1）所指 24：00 时的表计数为抄表数，由双方人员约定于次日现场抄表。

（4）如果结算关口计量点主、副表均异常，则抄见电量按对侧表计数据确定。对其他异常情况，可根据失压记录、失压计时等设备提供的信息，双方在充分协商的基础上确定异常期内的电量。

（5）电网企业电能采集装置的管理部门每月 1 日完成上月上网电量数据的采集、计算和报送；发电企业和电网企业下属的市供电公司应在每月 2 日前完成上月上网电量的抄录和确认。

（6）发电企业上网电量数据通过电力交易平台和纸质件的形式于每月 2 日前报电力交易机构。如果电力交易平台故障，可采用电子邮件或者传真方式报送；纸质件必须由发电企业及被授权的电网企业下属的市供电公司共同确认，签字、盖章后，将原件送至电力交易机构。抄报单位应保证报送的纸质件数据与系统报送的数据一致。如发电企业未按时报送电能量抄见单纸质件，电力交易机构可对其暂缓结算。

104. 当出现计量异常时如何处理？

答：（1）当主表正常时以主表计量数据为准，主表异常时以副表的数据为准。

（2）当主、副表均异常，则抄见电量按对侧表计数据确定。

（3）当主、副表及对侧表计均不正常时，由具有相应资质的电能计量检测机构确认并出具报告，结算电量由电力交易机构组织相关市场主体协商解决。

第八章　合同及合规管理

1. 电力交易合同有哪些类型？

答：电力交易合同是电力市场主体之间就电量购售等事宜签订的合同。按照类型，包括厂网间购售电合同、电能交易合同、电量转让合同、输配电合同和零售市场合同等；按照交易周期，交易合同可以分为多年交易合同、年度交易合同、季度交易合同、月度交易合同和月内短期交易合同等。

2. 电力交易合同管理的职责如何划分？

答：根据国家发展改革委和国家能源局联合印发的《电力中长期交易基本规则》（发改能源规〔2020〕889号）规定，电力交易机构负责各类交易合同的汇总管理。

各市场成员应根据交易结果或者政府下达的计划电量，参照合同示范文本签订购售电合同，并在规定的时间内提交至电力交易机构。

3. 什么是厂网间购售电合同？

答：厂网间购售电合同是指发电企业与电网企业根据政府电力主管部门下达的年度计划电量签订的交易合同。合同中应包括但不限于以下内容：双方的权利和义务、逐月优先发电电量（或基数电量）、电价、并网点和计量点信息、执行周期、结算方式、违约责任等。购售电合同签订后应提交电力交易机构，作为电量结算依据。

4. 什么是电能交易合同？

答：电能量交易合同是指符合准入条件的发电企业与电力用户（售电公司）经双边协商、集中竞价、挂牌等方式，在电力交易平台达成电力电量、电价的购售交易，并形成合同。

5. 什么是电量转让合同？

答：电量转让合同是合同电量转让交易的出让方和受让方依据合同电量转

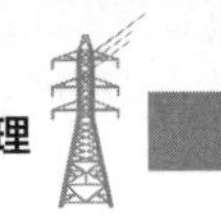

让交易的结果签订的合同，合同内容应包括交易主体、交易时间、交易电量、交易价格、不可抗力、争议解决、调整和违约、特别约定等。

6. 什么是输配电合同？

答：输配电合同是电网企业承担电力交易输配电责任、与各类市场主体之间的三方合同。原则上，各类无约束交易结果通过电力调度机构的安全校核，形成有约束交易结果，即为电力调度机构代表电网公司与交易相关方签订了电子化输配电合同，输配电合同与各类交易合同同步形成。

7. 什么是零售市场合同？

答：零售市场合同是指在电力零售市场中零售用户与售电公司通过平等协商建立购售电关系后所签订的合同，又称双边协商零售交易合同。

8. 什么是市场化零售业务协议？

答：市场化零售业务协议是指零售用户与售电公司在电力交易机构办理购售电关系签约登记手续后，与电网企业签订的三方协议。协议明确各方的权利和义务等，是零售用户原《供用电合同》的补充文件。

9. 交易合同是否需要签订纸质合同？

答：双边协商交易、集中竞价交易均需通过交易平台申报，电力交易平台自动生成三方的电子交易合同，市场主体在交易平台确认即可。本企业的交易代码、交易时间、交易密码及CFCA数字证书被视为本企业的电子签名。本企业登录电力交易平台，输入交易指令并达成交易即视为本企业签署电子交易合同，电子交易合同如同书面合同有效。网厂间购售电合同目前仍采用合同书形式签订。

10. 电子交易合同在哪里查询？

答：使用电子钥匙登录电力交易平台，在合同模块中可查询本企业签订的相关合同。

11. 厂网间年度购售电合同的签订时间是怎样的？

答：厂网间年度购售电合同原则上在交易执行前完成合同签订，最晚应于合同执行年一季度内完成签订。未完成签订的，厂网间购售电交易按照相应年度、月度交易计划执行。

12. 电能交易合同的签订时间是怎样的?

答：电能交易合同在双边协商交易、集中竞价、挂牌交易的最终结果发布后，由电力交易平台自动生成电子化的交易合同，无须相关市场主体确认。

13. 双边协商交易合同签订流程是怎样的?

答：对于双边交易，流程为：购售双方协商→达成交易意向→通过电力交易平台提交→电力调度机构安全校核→交易结果发布→签订电子合同。

14. 集中竞价交易合同签订流程是怎样的?

答：对于集中竞价交易，流程为：购售电双方申报交易意向→电力交易平台撮合→电力调度机构安全校核→交易结果发布→签订电子合同。

15. 交易合同可以变更或调整吗?

答：对于双边协商方式形成的年度电能交易合同，经交易双方协商一致，可以在保持合同总量不变的前提下，向电力交易机构提出次月及后续月份的分月电量调整申请，经电力交易机构审核、电力调度机构安全校核后，作为编制月度交易执行计划和结算的依据。

集中竞价、挂牌交易签订的交易合同不能进行合同变更。厂网间购售电合同电量根据政府主管部门下达的计划以及电力交易机构制定的月度交易计划进行调整。

16. 交易合同如何变更?

答：根据《电力中长期交易基本规则》（发改能源规〔2020〕889 号）的规定，在年度合同的执行周期内，次月交易开始前，在购售双方一致同意且不影响其他市场主体交易合同执行的基础上，允许通过电力交易平台调整后续各月的合同分月计划（合同总量不变），调整后的分月计划需通过电力调度机构进行安全校核。

电力交易合同变更原则上在每月 23 日前，由发电企业通过电力交易平台向电力交易机构提出年度合同次月及后续月份电量变更申请（申请内容包括调整的合同名称及编号、次月及以后各月的合同电量调整值、调整原因等），并由购

电方确认。合同变更与调整的具体申报时间可由电力交易机构在市场交易公告中明确。电力交易机构审核，如果审核不通过，则通过电力交易平台退回申请并提供退回理由。电力交易机构审核后，合同变更信息由电力调度机构进行安全校核。如果安全校核不通过，则通过电力交易平台退回申请并提供退回理由；电力调度机构安全校核通过后，原合同下月起终止执行，变更后的合同下月起自动生效，并作为编制月度交易计划和电量结算的依据。

17. 如何解除交易合同？

答：交易各方协商一致，可以解除合同。合同解除须按照原交易合同形式，签订解除协议。其中，售电公司与其签约用户协议解除购售电签约关系后，售电公司及其签约用户与电网企业（含配售电公司）在电费结清后解除三方供用电合同。合同解除后，已履行部分仍然有效，尚未履行部分不再履行。

18. 合同如何备案？

答：购售电合同、交易合同和市场化零售业务协议签订完成5个工作日内向政府电力管理部门、电力监管机构报备。转受让合同应在签订后5个工作日内向电力监管机构备案，备案合同信息应全面，包括但不限于转受让电量、价格、周期及结算等内容。

19. 什么是电力中长期合同“六签”工作？

答：2020年9月，为更好发挥电力中长期交易“压舱石”作用，保障电力市场高效有序运行，国家发改委提出了“六签”工作要求，即“全签、长签、见签、分时段签、规范签、电子签”。

“全签”是指保障足量签约，年度以上中长期合同力争签约电量不低于前三年用电量平均值的80%，通过月度合同签订保障合同签约电量不低于90%～95%。未参与市场的经营性电力用户、优先发电企业也需参照中长期合同签约的相关要求，由电网企业与用户或发电企业签订合同。

“长签”是指签订一年期以上长期交易合同。各地可结合市场规则，对一年期以上长期交易合同予以优先安排、优先组织落实、优先执行。

“见签”是指引入信用机构见签电力中长期交易合同。各地明确公共信用信息中心，通过电力交易机构的电力交易平台见签电力中长期交易合同，由电力

交易机构提供其所见签合同的相关信息，并归集至全国信用信息共享平台。

“分时段签”是指市场主体分时段约定电量电价，签订电力中长期合同。起步阶段，对时段划分数量不做强制要求，区分为峰、平、谷段签订即可，也可以分成六段到十段。随着市场机制的不断完善逐步细化时段划分，有条件的地区可考虑季节性差异，将一年各月划分为高峰月、平段月和低谷月。

“规范签”是指参照电力中长期交易合同示范文本签订中长期合同。

“电子签”是指市场主体利用交易平台签订要素齐全的电子合同，推进电力中长期合同签订平台化、电子化运转。

20. 电力批发市场发生争议怎么处理？

答：电力批发交易发生争议时，市场成员可自行协商解决，协商无法达成一致时可提交电力主管部门和监管部门、电力市场管理委员会调解处理，也可提交仲裁委员会仲裁或者向人民法院提起诉讼。

21. 市场主体未按照规定办理电力市场注册手续可能承担什么责任？

答：《电力市场监管办法》第十八条规定，电力市场实行注册管理制度。进入或者退出电力市场应当办理相应的注册手续。《电力中长期交易基本规则》第二十三条规定市场主体在电力交易机构办理市场注册时，要按照有关规定履行承诺、公示、注册、备案等相关手续。各区域、省（市、自治区）的中长期交易规则及实施细则均规定市场主体办理市场注册时应履行承诺、公示、注册、备案等相关手续。市场主体未按照规定办理电力市场注册手续的，依据《电力监管条例》第三十一条和《电力市场监管办法》第三十四条之规定，可由电力监管机构责令改正；拒不改正的，处 10 万元以上 100 万元以下的罚款；对直接负责的主管人员和其他直接责任人员，依法给予处分；情节严重的，可以吊销电力业务许可证。在实践中，市场主体未按照规定办理注册手续，该市场主体不能进入市场参与电力市场交易。

22. 市场主体提供虚假注册资料可能承担承担什么责任？

答：《电力中长期交易基本规则》第二十三条规定，市场主体应当保证注册提交材料的真实性和完整性。市场主体提供虚假注册资料的，依据《电力监管条例》第三十一条和《电力市场监管办法》第三十四条之规定，可由电力监管

机构责令改正；拒不改正的，处 10 万元以上 100 万元以下的罚款；对直接负责的主管人员和其他直接责任人员，依法给予处分；情节严重的，可以吊销电力业务许可证。在实践中，市场主体提供虚假注册资料将纳入失信管理，并作为惩罚性扣分事项纳入该市场主体的信用评价结果。

23. 市场主体未履行电力系统安全义务可能承担什么责任?

答：电力市场主体未履行电力系统安全义务，依据《电力监管条例》第三十一条和《电力市场监管办法》第三十四条之规定，可由电力监管机构责令改正；拒不改正的，处 10 万元以上 100 万元以下的罚款；对直接负责的主管人员和其他直接责任人员，依法给予处分；情节严重的，可以吊销电力业务许可证；依据《刑法》构成犯罪的，依法追究刑事责任。在实践中，市场主体未履行电力系统安全义务的行为将纳入失信管理。

24. 市场主体违反规定行使市场操纵力可能承担什么责任?

答：《电力中长期交易基本规则》第四条规定，电力市场成员应当严格遵守市场规则，自觉自律，不得操纵市场价格，损害其他市场主体的合法权益。任何单位和个人不得非法干预市场正常运行。电力市场主体违反规定行使市场操纵力的，根据《电力监管条例》第三十一条和《电力市场监管办法》第三十四条之规定，由电力监管机构责令改正；拒不改正的，处 10 万元以上 100 万元以下的罚款；对直接负责的主管人员和其他直接责任人员，依法给予处分；情节严重的，可以吊销电力业务许可证。在实践中，市场主体违反规定行使市场操纵力的行为将纳入失信管理，并作为惩罚性扣分事项纳入该市场主体的信用评价结果。

25. 市场主体有不正当竞争、串通报价等违规交易行为可能承担什么责任?

答：电力市场主体有不正当竞争、串通报价等违规交易行为的，根据《电力监管条例》第三十一条和《电力市场监管办法》第三十四条之规定，由电力监管机构责令改正；拒不改正的，处 10 万元以上 100 万元以下的罚款；对直接负责的主管人员和其他直接责任人员，依法给予处分；情节严重的，可以吊销电力业务许可证。在实践中，市场主体有不正当竞争、串通报价等违规交易行为的将纳入失信管理，并作为惩罚性扣分事项纳入该市场主体的信用评价结果。

26. 市场主体不执行调度指令可能承担什么责任?

答：电力市场主体不执行调度指令，根据《电力监管条例》第三十一条和《电力市场监管办法》第三十四条之规定，由电力监管机构责令改正；拒不改正的，处10万元以上100万元以下的罚款；对直接负责的主管人员和其他直接责任人员，依法给予处分；情节严重的，可以吊销电力业务许可证。在实践中，市场主体有不执行调度指令的行为将纳入失信管理，并作为惩罚性扣分事项纳入该市场主体的信用评价结果。

27. 市场主体未按照规定披露有关信息可能承担什么责任?

答：《电力中长期交易基本规则》第一百一十五条规定，市场成员应当遵循及时、准确、完整的原则披露电力市场信息，对其披露信息的真实性负责。市场主体未按照规定披露信息的，可依法依规纳入失信管理，问题严重的可按照规定取消市场准入资格；根据《电力监管条例》第三十四条规定，电力企业、电力调度交易机构未按照国家有关电力监管规章、规则的规定披露有关信息的，由电力监管机构责令改正；拒不改正的，处5万元以上50万元以下的罚款，对直接负责的主管人员和其他直接责任人员，依法给予处分；构成犯罪的，依法追究刑事责任。

28. 市场主体在交易平台出清后不认可成交结果或交易成交后拒绝签订合同将承担什么责任?

答：《电力中长期交易基本规则》第七十七条规定，各市场成员应当根据交易结果或者政府下达的计划电量，参照合同示范文本签订购售电合同，并在规定时间内提交至电力交易机构。在实践中，市场主体在交易平台出清后不认可成交结果或交易成交后拒绝签订合同的行为将纳入失信管理，并作为惩罚性扣分事项纳入该市场主体的信用评价结果。

29. 市场主体在签订合同后拒绝执行合同将承担什么责任?

答：《中华人民共和国民法典》第五百七十七条规定，当事人一方不履行合同义务或者履行合同义务不符合约定的，应当承担继续履行、采取补救措施或者赔偿损失等违约损失。第五百七十八条规定，当事人一方明确表示或者以自己的行为表明不履行合同义务的，对方可以在履行期限届满前请求其承担违约

责任。市场主体在签订合同后拒绝执行合同，相应的市场主体可以根据合同约定要求其承担违约责任。同时在实践中，市场主体在签订合同后拒绝执行合同的行为将被纳入失信管理，并作为惩罚性扣分事项纳入该市场主体的信用评价结果。

30. 市场主体在签订合同后执行合同不到位将承担什么责任?

答：《中华人民共和国民法典》第五百七十七条规定，当事人一方不履行合同义务或者履行合同义务不符合约定的，应当承担继续履行、采取补救措施或者赔偿损失等违约损失。市场主体在签订合同后执行合同不到位，相应的市场主体可根据合同约定要求其承担违约责任。同时，该市场主体履行合同不到位的行为还可能根据相应的交易规则进行偏差电量电费结算，可能承担偏差考核电费，并纳入失信管理。

31. 如何进行市场运营监控?

答：电力交易机构、电力调度机构应根据有关监管要求，加强对市场运营情况的监控分析，发现异常情况，及时向能源监管机构报告，并定期报送市场运营分析报告。

32. 市场运营监控的重点是什么?

答：市场运营监控的重点是：①发电企业与其关联售电公司发生的交易属于关联交易。关联交易应当遵循公平合规、诚实信用的原则，不得排斥和歧视非关联售电公司。拒绝交易、捂量惜售、价差压制等行为均为交易歧视。②禁止售电公司以不正当竞争或操纵串联的方式争取零售用户。不正当竞争行为和操纵串联行为认定的相关办法另行制定。

第九章　服务及信息公开

1. 交易机构市场服务的“八项承诺”是什么？

答：为有效促进市场服务规范化和标准化，国家电网有限公司经营区域各电力交易机构联合制定《电力交易机构市场服务“八项承诺”》，竭诚为市场主体提供优质、高效、便捷的市场服务。具体承诺内容是：

（1）遵守国家政策、法律、法规，严格执行市场交易规则及相关管理规定。

（2）公平对待市场主体，无差别无歧视开放市场，维护市场主体合法权益。

（3）公正组织市场交易，尊重市场主体意愿，不以任何方式操纵市场。

（4）公开市场交易信息，及时汇总、整理、分析、披露和发布市场交易信息。

（5）促进资源优化配置，落实国家能源战略，提升能源资源配置效率。

（6）坚持绿色发展理念，促进节能减排，促进清洁能源发展和优先消纳。

（7）保障交易信息安全，强化保密措施，不泄露市场主体私有信息和商业秘密。

（8）优质服务市场主体，规范办理交易业务。

2. 交易机构市场服务的“一口对外”制度是什么？

答：交易大厅是交易机构对外服务的统一窗口。“一口对外”制度是指由专业的市场服务管理部室，负责市场服务工作的归口管理，统一受理交易大厅发生的咨询、业务办理、投诉举报等服务需求并予以统一答复的制度。

交易机构服务对象通过交易大厅提出服务需求时，受理人在岗位职权范围内能直接办理的，直接按规范流程办理并给予其明确的答复。对于不能确认的或现场无法答复的问题，请客户谅解并做好记录，由市场服务管理部室组织市场、交易、结算、技术、综合、财务等内设部室按职责分工和流程要求办理相关业务，统一给予答复，满足服务对象的服务需求。市场服务管理部室根据业

务分类对各部室市场服务工作进行全过程督办，达到服务对象仅通过同一受理人可以办完全部业务的目的，实现一口对外、内转外不转。

3. 交易机构市场服务的“首问责任”制度是什么？

答：首问责任制是指交易机构服务对象来访、来电、来信、来函或网上咨询中心部室或者工作人员，接受询问的首位工作人员应负责解答、办理或交办、承办的制度。

首问责任人指交易机构第一个接受服务对象来访、来电、来信、来函或网上咨询相关事务的工作人员。首问负责制遵循热情主动、服务规范、合法合规、文明办事、及时高效的原则。

各部室应当根据业务职能确定责任内容，属于首问责任人本人职责范围内办理的事项，若手续完备的，首问责任人应当根据相关规定及时予以办结；若手续不完备的或违反规定不能办理的，实行一次告知制度，首问责任人必须明确答复，并详细说明原因，耐心做好解释工作。

不属于首问责任人职责范围但属于交易机构职责范围办理的事项，联系具体承办工作人员办理。若具体承办工作人员有异议，则应及时向分管领导汇报，由分管领导决定具体承办工作人员，妥善处置相关事项。

不属于交易机构职责范围但可以明确承办责任单位的事项，应由首问责任人向分管领导汇报，与具体承办单位联系，将服务对象转交具体承办单位接待并办理其相关诉求。

4. 交易机构如何开展主动上门服务？

答：交易机构可以通过多种方式开展主动上门服务。①通过与市场主体党支部开展“联学联创”活动，发挥党员先锋模范作用，推动党建与业务融合，主动与市场主体开展业务交流。②定期开展市场主体调研，主动了解用户需求，就最新交易政策开展上门培训。③通过市场管委会主动上门找议题，并进行讨论协商。同时，要建立市场主体反映问题跟踪机制，跟进解决问题是否达到效果。

5. 电力交易大厅的布局及功能要求是什么？

答：电力交易大厅可以分为服务大厅、会议区、培训区、咨询和调解区、办公区等功能区。其中：服务大厅具备业务受理、信息发布、文化展示、信息查询的功能；会议区具备召开多媒体会议功能，具备会前、会间休息区，市场管委会等组织的大型会议可在此召开；培训区具备召开视频会议、开展业务培训的功能；咨询和调解区具备业务一对一咨询、市场纠纷调处的功能；办公区是技术支撑人员办公和市场服务管理部室人员的办公区域。

6. **电力交易大厅服务环境有哪些基本要求？**

答：电力交易大厅服务环境的基本要求如下：

（1）电力交易大厅应按照统一规范设置标识。电力交易场所标识应用包括门楣、背景板等。

（2）电力交易大厅应保持环境整洁、有序，服务设施齐备、完好。工作台、办公桌、文件柜和计算机、打印机、复印机、传真机等办公设备，以及部室和个人使用的书籍、资料、文件等摆放均应整齐美观。

（3）电力交易大厅应配备安全消防设备，在关键区域安装电子监视设备。

（4）电力交易大厅服务区应设置服务台及大屏幕、自助查询终端等信息发布设备。配备必要的文具、雨伞架、宣传架、宣传资料、客户登记簿、客户意见箱等。

7. **电力交易大厅客服人员应具备哪些基本能力？**

答：电力交易大厅客服人员应至少具备如下能力：

（1）掌握电力系统基础知识，熟悉电网概况；

（2）掌握电力交易基础知识，了解电力交易业务的主要流程和职责分工；

（3）掌握礼仪、接待等方面的基础知识；

（4）熟练操作电力交易大厅的各类设备；

（5）熟练操作计算机和使用常用办公软件；

（6）熟练掌握各类规范服务用语；

（7）熟练进行电力交易大厅的讲解工作；

（8）具备操作电力交易相关信息系统的能力；

（9）具备简单的哑语交流能力和紧急救护能力；

（10）具备其他应知应会的知识和技能。

8. 电力交易大厅工作人员的基本职责是什么?

答：工作人员应尽职尽责，认真做好岗位职责范围内的各项工作，并及时完成电力交易中心交办的任务。

(1) 服务人员主要负责电力交易大厅的业务受理、信息发布、问询答复、来宾接待、讲解演示、会议服务等日常工作。

(2) 服务人员对市场主体或者相关对象来电力交易大厅现场咨询、业务办理、投诉举报等，需遵循“首问负责制”原则，按“一口对外”要求进行处理。

(3) 服务人员按电力交易中心相关规定负责市场注册、合同签订、交易结算等交易业务的受理、通知和留档等工作。

(4) 服务人员负责电力交易信息网站、电力交易大厅滚动信息发布及自助查询终端信息更新工作。每月交易公告发布后 1 个工作日内完成信息发布工作；每个工作日开放前完成当日交易大屏滚动信息发布情况检查，确保滚动信息发布及时、准确；按时更新自助查询终端信息，确保与电力交易中心有关公开信息更新保持同步一致。

(5) 服务人员负责市场成员问询的受理和答复，并按照相关市场服务流程规范要求做好相关工作。

(6) 服务人员负责电力交易大厅各类设备设施的维护管理。如发现异常现象，应及时与电力交易中心相关管理部门或运维单位联系处理。

(7) 保安负责电力交易大厅的安全保卫工作，并按照本单位应急预案的要求妥善处理各类突发事件。

9. 问询答复处理的基本流程是什么?

答：问询答复处理的基本流程如下：

(1) 请客户配合接受问询人员提供自己的身份，客户可以采取电话、邮件、现场等多种方式进行问询。

(2) 按照“首问负责制”原则，交易中心受询人在岗位职权范围内能正确答复的，直接给予明确的答复；对于不能确认的或现场无法答复的问题，请客户谅解并做好记录，并将客户咨询的问题及时报告市场服务管理部室。

(3) 对于一般性问询，即问询内容在各专业部室职责范围内的，由相关业务部室形成统一对外答复意见。

（4）对于重大事项的问询，即问询内容涉及多个专业部室职责的，或者影响较大的，受询人向客户说明解答的基本流程和回复时限。市场服务管理部组织相关部室进行讨论，编制统一答复意见，经审核后，统一向客户答复。

10. 投诉举报处理的基本流程是什么？

答：投诉举报处理的基本流程如下：

（1）请客户配合受理投诉举报人员提供自己的身份，客户可以采取电话、邮件、现场等多种方式进行投诉、举报。

（2）受理投诉举报人员根据分析类别和情况，如果在职权范围之内，可以提出相应解决问题的具体措施，则直接回复投诉、举报人，并将结果向市场服务管理部室报告；如果现场无法判断或现场无法答复解决或者在职权范围之外时，在向投诉、举报人详细解释后，及时将有关情况报告市场服务管理部室。

（3）根据投诉对象及事项的严重程度，市场服务管理部室组织进行调查、讨论，编制答复意见和处理措施，经审核后，统一向市场主体答复，并跟踪解决措施的落实情况。

（4）受理投诉、举报人员须在3个工作日内向投诉、举报人答复，如情况复杂，分析调研、研究处理办法周期较长，责任部室需要在3个工作日内做出首次答复，解释清楚后续处理的步骤和时间。

11. 市场服务有哪些时限和标准要求？

答：市场服务主要有以下要求：

（1）交易平台全年可用率不低于99.9%。

（2）5个工作日内完成市场注册资料完整性检验和首次答复，资料合格的售电公司注册流程“最多跑一次”。

（3）及时完成交易结算，每月初5个工作日内编制完成上月交易结算单。

（4）对于投诉举报，3个工作日内予以答复。

（5）按照电力市场信息披露管理等有关规定按时发布信息。

12. 交易大厅服务日常礼仪规范有哪些?

答：(1) 着装方面。客服人员必须统一着装上岗，统一服务形象。其他人员服装必须保持整洁、完好、协调、无污渍。衬衣下摆束入裤腰和裙腰内，袖口扣好，内衣不外露。扣子须齐全，不漏扣、错扣。着西装时，扣好领扣，系好领带，不得将领带置于松开状态，上衣袋少装东西，裤袋不装东西，不敞怀、不挽袖口和裤脚。鞋袜保持干净、卫生，鞋面洁净。在工作场所不打赤脚，不穿拖鞋。

(2) 仪容方面。保持仪容自然、大方、端庄，讲究个人卫生。头发梳理整齐，不染夸张颜色的头发，不戴墨镜，不戴夸张的饰物。颜面和手臂保持清洁，指甲长度不超过 2mm。保持口腔清洁，牙齿不留食物残渣，工作前忌食葱、蒜等有刺激性气味的食品。眼角不留分泌物。没有明显体味，不使用香味过浓的香水，以 1m 范围外闻不到香味为宜。男士不留长发，头发前不覆额、侧不掩耳、后不触领；面部保持清洁，保持鼻孔清洁，平视时鼻毛不得露于鼻孔外；忌留胡须。女士长发盘起并用统一的发夹固定在脑后；短发要合拢在耳后；不披发上岗，忌发型怪异、头发蓬乱；淡妆上岗，不浓妆艳抹；应在更衣室、洗手间或个人独立办公室里化妆或补妆，不在同事或客户面前化妆；使用自然色指甲油，不染彩色指甲。

(3) 行为举止方面。行为举止应做到自然、文雅、端庄、大方。服务人员工作时应精神饱满，注意力集中，无疲劳状、忧郁状和不满状。保持微笑，目光平视客户，不左顾右盼、心不在焉。避免在客户面前打哈欠、伸懒腰、打喷嚏、挖耳朵等。打喷嚏难以控制时，应侧面回避，并向对方致歉。

(4) 谈话礼仪方面。专注有效聆听，不随意打断客户的话语，随时记录客户的需求或意见。与客户交谈时，要面带微笑，注视客户面部，不要目光呆滞、反应冷淡、左盼右顾或与他人搭讪。回答客户提问时应做到亲切、诚恳，有问必答，并且尽量多用通俗易懂的话语，少用生僻的专业术语，以免影响与客户的交流效果。当客户的要求与政策、法律、法规及本企业制度相悖时，应向客户耐心解释，争取客户理解，做到有理有节。遇有客户提出不合理要求时，应向客户委婉说明。当工作发生差错时，应及时更正并向客户致歉，不得与客户发生争吵。为行动不便的客户提供服务时，应主动给予特别照顾和帮助。对听力不好的客户，应适当提高语音，放慢语速。

(5) 服务用语方面。使用日常礼貌用语规范，如迎送用语（再见、请您走好等）、问候用语（您好、早上好、下午好、晚上好，请问有什么需要帮助的吗）；致谢用语（谢谢、非常感谢、多谢合作）；致歉用语（对不起、实在抱歉、请原谅、给您添麻烦了、打扰了）；请求用语（请、请稍候、请您配合等）。在服务工作中，应自觉使用文明礼貌用语，杜绝服务忌语，严禁使用有伤客户自尊、有损人格以及讽刺、挖苦、嘲弄、责怪、粗俗、生硬、调侃、蛮横无理的语句。

13. 如何对交易中心的服务进行第三方评价？

答：邀请第三方机构在年末时对交易中心市场服务进行评价。评价维度包括市场注册及时性、便捷性，交易组织的合理性、公平性，交易结算的准确性、及时性，信息发布的准确性、及时性、全面性，大厅服务的态度、效率，培训的及时性、覆盖率、形式多样性及综合评价等。评价方式可以采取问卷调查、电话咨询、上门走访等多种形式。

14. 电力交易信息披露工作的责任主体是谁？

答：电力交易机构负责市场信息的管理和发布，会同电力调度机构按照市场信息分类及时向社会以及市场主体发布。各类市场成员应当及时向电力交易机构提供支撑市场化交易开展所需的数据和信息，并对所提供信息的真实性和准确性负责。

15. 电力交易信息披露包括哪几类信息？

答：电力交易信息披露包括公众信息、公开信息、私有信息、依申请披露信息。其中：公众信息是指可以向社会公众披露的信息；公开信息是指可以向所有市场主体或特定的某一类市场主体公开发布的信息；私有信息是指须经信息所有权人授权，方可向特定市场主体披露的信息，其他市场成员无权访问的信息；依申请披露信息是指仅在履行申请、审核程序后向申请人披露的信息。

16. **电力交易公众信息披露主要包括哪些内容？**

答：社会公众信息包括但不限于：电力交易适用的法律、法规以及相关政策文件，电力交易业务流程、管理办法等；国家批准的发电侧上网电价、销售目录电价、输配电价、各类政府性基金及附加、系统备用费以及其他电力交易相关收费标准等；电力市场运行基本情况，包括各类市场主体注册情况，电力交易总体成交电量、价格情况等；电网运行基本情况，包括电网主要网络通道的示意图、各类型发电机组装机总体情况，发用电负荷总体情况等；其他政策法规要求向社会公众公开的信息。

17. **电力交易公开信息披露主要包括哪些内容？**

答：电力交易公开信息披露包括但不限于：市场主体基本信息，市场主体注册准入及退出情况，包括企业名称、统一社会信用代码、联系方式、信用评价信息等；发电设备信息，包括发电企业的类型、所属集团、装机容量、检修停运情况，项目投产（退役）计划、投产（退役）情况等；电网运行信息，电网安全运行的主要约束条件、电网重要运行方式的变化情况，电网各断面（设备）、各路径可用输电容量，必开必停机组组合和发电量需求，以及导致断面（设备）限额变化的停电检修等；市场交易类信息，包括年、季、月电力电量平衡预测分析情况，非市场化电量规模以及交易总电量安排、计划分解，各类交易的总成交电量和成交均价，安全校核结果及原因等；交易执行信息，包括交易计划执行总体情况、计划执行调整及原因、市场干预情况等；结算类信息，包括合同结算总体完成情况、差额资金每月的盈亏和分摊情况；其他政策法规要求对市场主体公开的信息。

18. **电力交易私有信息披露主要包括哪些内容？**

答：电力交易私有信息披露主要包括但不限于：发电机组的机组特性参数、性能指标，电力用户用电特性参数和指标；各市场主体的市场化交易申报电量、申报电价等交易申报信息；各市场主体的各类市场化交易的成交电量及成交价格等信息；各市场主体的市场化交易合同及结算明细信息。

19. **电力交易依申请披露的信息主要包括哪些内容？**

答：电力交易依申请披露的信息包括但不限于：发电企业报送国际河流水

电企业相关数据（如有）；各非市场用户的类型，购售电电量和电价等信息；市场用户进入市场前的用电信息；条件成熟时，应当披露能够准确复现完整市场出清结果的电力系统市场模型及相关参数。

20. 电力交易信息披露的主要方式有哪些？

答：在确保安全的基础上，市场信息主要通过电力交易平台、电力交易机构网站披露，也可通过交易信息发布会、电力交易大厅、电力交易中心微信公众号、e-交易、短信通知以及便于及时信息披露的其他方式进行披露。

21. 电力交易信息披露的频度是多久？

答：电力交易信息按周期分为年度信息、季度信息、月度信息和日信息。电力交易信息原则上按月向市场主体进行披露，季（年）度信息按季或按年进行披露，日信息按日实时滚动更新披露。

22. 电力交易信息披露的时间要求是什么？

答：电网及电力市场主要运行概况信息每月 10 日进行披露；电力市场结算概况信息每月 15 日进行披露；季（年）度交易信息报告在下一季度首月的 15 个工作日内进行披露；市场注册、交易公告及交易成交结果等实时信息根据业务实际，及时披露。

23. 市场主体如对披露的相关信息有异议或者疑问，怎么办？

答：市场主体如对披露的相关信息有异议或者疑问，可向电力交易机构、电力调度机构提出，由电力交易机构会同电力调度机构负责解释。

24. 电力现货信息披露由谁总体负责？

答：电力交易机构总体负责电力现货市场信息披露的实施，创造良好的信息披露条件，制定信息披露标准格式，开放数据接口。电力交易机构应当设立信息披露平台，信息披露平台原则上以电力交易机构现有信息平台为基础。信息披露主体按照标准格式通过信息披露平台向电力交易机构提供信息，由电力交易机构通过信息披露平台发布信息。

25. 电力现货市场发电企业应当披露的信息有哪些？

答：电力现货市场发电企业应当披露的公众信息包括：

（1）企业全称、企业性质、所属发电集团、工商注册时间、营业执照、统一社会信用代码（简称信用代码）、法定代表人（简称法人）、联系方式、电源类型、装机容量、所在地区等。

（2）企业变更情况，包括企业减资、合并、分立、解散及申请破产的决定，或者依法进入破产程序、被责令关闭等重大经营信息。

（3）与其他市场主体之间的关联企业信息。

（4）其他政策法规要求向社会公众公开的信息。

电力现货市场发电企业应披露的公开信息包括：

（1）电厂机组信息，包括电厂调度名称、电力业务许可证（发电类）编号、机组调度管辖关系、投运机组台数及编号、单机容量及类型、投运日期、接入电压等级；单机最大出力、核定最低技术出力、核定深调极限出力；机组出力受限的技术类型，如流化床、高背压供热等。

（2）机组出力受限情况、机组检修及设备改造计划等。

依申请披露的信息：

国际河流水电企业相关数据（如有）。

26. 电力现货市场售电公司应当披露的信息有哪些?

答：电力现货市场售电公司应当披露的公众信息包括：

（1）企业全称、企业性质、售电公司类型、工商注册时间、注册资本金、营业执照、信用代码、法人、联系方式、信用承诺书、资产总额、股权结构、年最大售电量等。

（2）企业资产证明、从业人员相关证明材料、资产总额验资报告等。

（3）企业变更情况，企业减资、合并、分立、解散及申请破产的决定，或者依法进入破产程序、被责令关闭等重大经营信息。

（4）与其他市场主体之间的关联关系信息。

（5）其他政策法规要求向社会公众公开的信息。

电力现货市场售电公司应当披露的公开信息包括：

（1）拥有配电网运营权的售电公司应当披露电力业务许可证（供电类）编号、配电网电压等级、配电区域、配电价格等信息。

（2）履约保函缴纳信息（如有）。

27. 电力现货市场电力用户应当披露的信息有哪些？

答：电力现货市场电力用户应当披露的公众信息包括：

（1）企业全称、企业性质、行业分类、用户类别、工商注册时间、营业执照、信用代码、法人、联系方式、主营业务、所属行业等。

（2）企业变更情况，包括企业减资、合并、分立、解散及申请破产的决定，或者依法进入破产程序、被责令关闭等重大经营信息。

（3）与其他市场主体之间的关联关系信息。

（4）其他政策法规要求向社会公众公开的信息。

应当披露的公开信息包括：企业用电类别、接入地区、年用电量、用电电压等级、供电方式、自备电源（如有）、变压器报装容量及最大需量等。

28. 电力现货市场电网企业应当披露的信息有哪些？

答：电力现货市场电网企业应当披露的公众信息包括：

（1）企业全称、企业性质、工商注册时间、营业执照、信用代码、法人、联系人、联系方式、供电区域、政府核定的输配电线损率等。

（2）与其他市场主体之间的关联关系信息。

（3）政府定价类信息，包括输配电价、各类政府性基金及其他市场相关收费标准等。

（4）电网主要网络通道示意图。

（5）其他政策法规要求向社会公众公开的信息。

电力现货市场电网企业应当披露的公开信息包括：

（1）电力业务许可证（输电类）、电力业务许可证（供电类）编号。

（2）市场结算收付费总体情况及市场主体欠费情况。

（3）电网企业代理非市场用户每个交易时段的总购电量、总售电量、平均购电价格、平均售电价格等，含事前预测和事后实际执行。

（4）各类型发电机组装机总体情况，各类型发用电负荷总体情况等。

（5）电网设备信息，包括线路、变电站等输变电设备投产、退出和检修情况等。

（6）全社会用电量、重点行业用电量等。

依申请披露的信息包括：

（1）各非市场用户的类型，购售电电量和电价等。

（2）市场用户进入市场前的用电信息。

（3）能够准确复现完整市场出清结果的电力系统市场模型及相关参数（采用节点边际电价、分区边际电价的电力现货市场地区），包括 220kV 及以上输电设备（输电线路和变压器）的联结关系，输电断面包含的输电设备及其系数、潮流方向、潮流上下限额等。

29. 电力现货市场市场运营机构应当披露的信息有哪些？

答：电力现货市场市场运营机构应当披露的公众信息包括：

（1）机构全称、机构性质、机构工商注册时间、股权结构、营业执照、信用代码、法人、组织机构、业务流程、服务指南、联系方式、办公地址、网站网址等。

（2）电力市场适用的法律法规、政策文件。

（3）电力市场规则类信息，包括交易规则、交易相关收费标准，制定、修订市场规则过程中涉及的解释性文档，对市场主体问询的答复等。

（4）信用评价类信息，包括市场主体电力交易信用信息、售电公司违约情况等。

（5）其他政策法规要求向社会公众公开的信息。

（6）市场暂停、中止、重新启动等情况。

电力现货市场市场运营机构应当披露的公开信息包括：

（1）公告类信息，包括电力交易机构财务审计报告、信息披露报告等定期报告、经国家能源局派出机构或者地方政府电力管理部门认定的违规行为通报、市场干预情况、第三方校验报告等。

（2）交易公告，包括交易品种、交易主体、交易规模、交易方式、交易准入条件、交易开始时间及终止时间、交易参数、出清方式、交易约束信息、交易操作说明、其他准备信息等。

（3）交易计划及其实际执行情况等。

（4）市场主体申报信息和交易结果，包括参与交易的主体数量、交易总申

报电量、成交的主体数量、最终成交电量、成交均价等。

（5）市场边界信息，包括电网安全运行的主要约束条件、输电通道可用容量、关键输电断面及线路传输限额、必开必停机组组合及原因、非市场机组出力曲线、备用及调频等辅助服务需求、抽蓄电站蓄水水位、参与市场新能源总出力预测等。

（6）市场参数信息，包括市场出清模块算法及运行参数、价格限值、约束松弛惩罚因子、节点分配因子及其确定方法、节点及分区划分依据和详细数据等。

（7）预测信息，包括系统负荷预测、外来（外送）电交易计划、可再生能源出力预测、水电发电计划预测等，任何预测类信息都应当在实际运行后一日内发布对应的实际值。

（8）运行信息，包括实际负荷、实时频率、系统备用信息，重要通道实际输电情况、实际运行输电断面约束情况及其影子价格情况、联络线潮流、输变电设备检修计划执行情况、发电机组检修计划执行情况，非市场机组实际出力曲线等。

（9）参与现货市场机组分电源类型中长期合约占比、合约平均价格、总上网电量等。

（10）市场干预情况原始日志，包括干预时间、干预人员、干预操作、干预原因，《电力安全事故应急处置和调查处理条例》（中华人民共和国国务院令第599号）规定的电力安全事故等级的事故处理情形除外。

（11）市场出清类信息，包括各时段出清电价（节点边际电价市场应当披露所有节点的节点边际电价以及各节点边际电价的电能量、阻塞和网损等各分量价格）、出清电量、调频容量价格、调频里程价格、备用总量、备用价格、输电断面约束及阻塞情况、各电压等级计算网损等。

（12）每个交易时段的分类结算情况，不平衡资金明细及每项不平衡资金的分摊方式等。

向特定市场主体披露的其私有信息包括：

（1）中长期结算曲线、分时段中长期交易结算电量及结算电价、日前中标出力及日前节点边际电价、实时中标出力及实时节点边际电价。

（2）结算类信息，包括日清算单、月结算单、电费结算依据等。

第十章　电力交易信息平台

1. 电力交易平台的功能定位是什么？

答：根据国家电力体制改革要求及全国统一电力市场建设需要，电力交易机构建设了电力交易平台，面向电力用户、发电企业、售电公司等各类电力市场主体开放使用，支撑能源资源优化配置和电力用户直接交易，开展新型多周期（跨年度、年度、月度及短期）交易并发运营，为全国统一电力市场运营提供技术支撑平台，为各市场主体提供公开透明的电力交易服务平台。

电力交易平台旨在为市场成员提供市场注册、市场化交易、合同、发电计划、结算、信息发布等服务。平台分内外网，内网主要由交易机构人员使用，进行注册受理、交易组织、合同管理、结算计算、信息发布；外网主要由各市场主体使用，进行市场成员注册、交易申报、结算确认、计划申报、发布信息查看等。

2019年，为全面支撑全国统一电力市场体系深化建设，由北京电力交易中心统一组织，依据电力市场交易业务发展需要，按照"需求导向、统一设计、集中研发、云端部署、稳步实施"的整体思路，构建适应全市场形态、全电量空间、全体系结构、全范围配置的新一代电力交易平台。作为支撑全国统一电力市场建设的重要技术载体，2019年北京电力交易中心统一组织设计研发，2020年完成省间电力交易平台上线运行，2021年将完成省级电力交易平台上线运行。新一代电力交易平台基于云平台、微服务等信息技术，实现电力交易业务市场出清、市场结算、市场合规、市场服务、信息发布、系统管理六大应用，实现与调度机构、电网营销、电网财务等系统的横向集成和与北京交易中心的纵向集成，支撑电力交易全业务线上运作。

2. 电力交易平台有哪些功能模块？

答：电力交易平台的功能模块主要包括市场成员管理、交易管理、合同管

理、计划管理、结算管理、信息发布、市场信息综合统计等。

（1）市场成员管理。为通过不同渠道接入、满足准入条件的市场成员（包括电力大用户、零售用户、售电公司、直购发电企业以及非直购发电企业、电网企业）提供全生命周期信息管理，满足对海量电力用户市场注册的需求。为各类市场主体提供基本信息注册、变更、审核、注销等管理功能，支持在全国统一电力市场规则下的各类市场主体的进入、退出市场业务流程，为交易业务提供基础信息管理支撑。

（2）交易管理。实现多品种多周期交易并发运营。交易管理模块主要包括交易序列管理、准入成员校核、集中交易开标、集中交易计算、交易结果校核、交易结果发布等功能。交易平台发布相关的交易序列，电厂等市场主体在外网平台进行交易电量与电价的申报。目前主要有直接交易、发电权交易、合同转让交易等类型，每种类型又可细分为双边协商、集中竞价、挂牌等交易方式，支持长期、年度、季度/月度、月内、短时等多周期电力交易。准入成员校核功能对每个交易序列的准入成员信息进行校核，包括市场成员的批复上网电价、单机容量、容量合计等信息，确保参与交易的市场成员合法合规。参与集中竞价撮合交易的用户在外网申报电量与电价后，内网需要对此进行开标，开标的过程就是用户申报数据解密的过程。对开标后的数据，按照各省的交易规则（价格优先、时间优先、环保优先等）进行撮合计算。对成交后的交易结果进行校核，形成有约束的交易结果。

（3）合同管理。支持对基数电量合同、发电权交易合同、直接交易合同等管理功能，支持合同的草拟、制订、变更、执行、备案、终止等全业务流程。市场化合同均是基于交易结算而生成的结构化电子合同，同时支持合同的手工创建及维护。

（4）计划管理。发电计划编制作为交易机构的主要业务，是保障基数电量合同和各类电能交易合同合理完成的重要保障。发电计划涵盖多周期（年、季、月）、全口径（发电、上网）和全流程（数据准备、编制、发布、跟踪分析）功能支持。其中，月度发电计划编制作为交易机构核心业务环节，其合理性直接影响着年度发电计划的有效执行以及电力电量的可靠供应，并为开展月度中短期交易提供支持。月度发电计划编制目标包括“三公”调度、节能调度以及节

约购电成本等，需要考虑包括电能供需形势、节煤减排、年度计划完成进度、电网安全约束、机组检修、机组调停备用、机组受阻、各类交易结果、负荷率等多种约束。为适应复杂的发电计划编制业务流程，电力交易平台需要提供适应不同场景的计划基础参数配置、计划基础数据准备、计划编制策略配置和计划编制算法和算法参数自定义等功能，为发电计划编制提供了灵活的扩展性和适应性。

（5）结算管理。实现各类市场主体的复杂交易成分的电能结算功能，主要包括零售用户、发电企业、售电公司的成分管理和结算计算等功能。发电企业结算计算功能按照各省中长期交易结算规则，基于电厂合同、计划及从调度采集的 TMR（Tele Meter Reading，电能量采集系统）电量来计算发电企业的市场化合同、基数合同、上调、下调、偏差考核等结算类型的电量电价电费。零售用户结算根据售电公司与零售用户申报的电价，以及从营销系统获取的电量数据进行分割计算，并将结算结果推送至营销系统。售电公司结算按照各省中长期交易结算规则，基于市场化合同和代理零售用户汇总的用电量及结算结果，计算其合同及偏差的量价费。批发市场电费清算功能根据各省中长期交易实施细则，计算下调价差电费、总下调分摊电费、总上调分摊电费、上调服务电费、下调服务电费、总剩余分摊电费、市场清算电费，并分摊到各电厂。

（6）信息发布。根据市场规则及时发布市场信息，并确保信息的时效性、正确性、完整性和安全性。平台上的市场信息可以分为公众信息、公开信息、私有信息三大类。向发电企业、电力用户、售电公司、政府部门、社会公众发布电力交易和电网运行信息。

（7）市场信息综合统计。对各类海量业务数据信息进行详细梳理和综合统计，形成支撑后续业务决策的关键数据基础和指标依据。

3. 电力交易平台与其他系统之间的关联关系是什么？

答：电力交易平台主要与营销系统进行电力用户的档案、电量、结算等市场化售电业务集成，与调度系统进行电厂的电能量采集系统电量、计划数据的集成，与财务系统进行电厂、售电公司的市场主体基本信息和结算数据的集成。

4. 如何在电力交易中应用区块链技术？

答：区块链是一种融合了一系列信息技术的数据库技术，它可以在分布式

的网络环境中保证数据的可靠存储和安全传输。区块链采用分布式存储技术，以链式结构记录全部参与方的互动信息，并将其以区块方式妥善保存。其基本数据结构保障了存储的数据不可篡改和可追溯，记载的信息一旦生成将永久保存。

区块链技术在电力交易电子合同、电力交易绿证、分布式电力交易等业务中均具有较好的使用场景。

目前，北京电力交易中心建设的可再生能源消纳责任权重交易平台已使用了区块链技术。

又例如，湖南电力交易中心，发掘区块链与电力交易的结合点，基于区块链建设电力交易关键数据存证应用，针对电力交易平台中的关键数据，含交易申报数据、交易出清数据以及合同数据，采用SHA256哈希算法进行加密并上链存证，构建了更加可信的市场环境。

5. 电力交易平台网址无法正常访问如何处理?

答：电力交易平台网址无法正常访问时，需确认平台网址输入是否正确。平台网站使用了超文本传输安全协议，URL地址（即平台网站地址）需以“https：//”开头。以湖南电力交易平台为例，平台网址为 https://pmos. hn. sgcc. com. cn。

6. 电力交易平台对浏览器有无要求?

答：因平台涉及安全组件等，所以对浏览器版本有一定的要求。为达到最好的使用效果，请关注电力交易平台相关栏目中发布的相关说明。目前，在用的电力交易平台推荐使用360极速浏览器，需选择“极速模式”。即将上线的新一代电力交易平台需使用谷歌浏览器，版本为87.0.4280.66及以上。

7. 登录电力交易平台是否须安装插件?

答：插件是为UKey使用的，若不需使用UKey则无须安装插件，例如各市场成员在注册过程中（即注册生效前）及零售用户。完成注册的发电企业、售电公司、电力大用户等，则必须安装插件方能登录平台。用户可根据浏览器提醒安装，或者自行在平台相关栏目下载安装。

8. 登录电力交易平台是否一定需要 Ukey？

答：在注册过程中（注册生效前），市场成员登录平台均不需使用 Ukey。

在注册完成后（即注册生效后），参与批发电力市场的市场成员（含发电企业、售电公司、电力大用户）须使用 Ukey 登录平台，UKey 与平台账号是一一绑定的，没有 Ukey 就无法登录平台；零售用户无须使用 Ukey，可直接登录平台。

9. 登录电力交易平台时，提示“请先安装插件，然后插入相应的证书”怎么办？

答：首先，需确认浏览器插件已安装，且需在安装后重启浏览器；其次，若插件安装后仍存在此问题，请确认使用推荐浏览器。

10. 登录电力交易平台时，提示“数字证书未识别”怎么办？

答：该情况需确认 Ukey 是否正常运行，即通过 UKey 用户管理工具确认能够看到数字证书。若未识别，请重新拔插 Ukey 或使用其他 USB 口尝试。

11. 登录电力交易平台时，提示“用户与证书不匹配”怎么办？

答：平台用户（即平台账号）与 UKey（即证书）是一一绑定的，若用户与证书不匹配则需确认账号与 UKey 是否对应。

12. 登录电力交易平台时，提示“用户名和密码不匹配”怎么办？

答：提示用户名与密码不匹配时，需检查用户名和密码输入是否正确。需注意密码是否区分大小写，且需注意中划线（-）与下划线（ _ ）的区别。

13. 如何查看 Ukey 的有效期？

答：插入 Ukey，根据提示安装证书管理工具，在桌面右下角选择打开证书管理工具，选中已被识别的证书，并点击“显示证书”按钮，即可弹出证书相关信息，包含有效期时间。

14. Ukey 到期后怎么办？

答：Ukey 到期后可选择续费或更换。若续费，则需将 UKey 寄送至销售代理机构，并按其要求进行缴费；若更换，则直接按照新购流程办理。需注意，Ukey 续费或新购后，均需重新办理 Ukey 绑定。

15. 一家市场主体，是否可以申请多个账号？

答：目前在用的交易平台中，一家市场主体只可以申请一个企业账号。即将上线的新一代电力交易平台，一家市场主体可以申请一个管理账号和若干个用户账号。

16. 一个账号是否可以绑定多个 Ukey？

答：不可以，一个账号只能绑定一个 Ukey。

17. 一个 Ukey 是否可以用于多个账号？

答：不可以，一个 Ukey 只能应用于一个账号。

18. 能否更换 Ukey？

答：可以。在发生 Ukey 丢失，或密码被锁但还未解锁等情况时，可以更换 Ukey，但需要向交易机构申请账号绑定。

19. Ukey 密码忘记或被锁定时，如何处理？

答：Ukey 密码忘记或被锁定时，需将 Ukey 寄送至其销售代理机构进行密码重置。因为 Ukey 属于安全设备，需发证机构或授权机构方才可重置密码。详情可以拨打代理机构客服电话 010-82812901，或者从交易平台相关说明文档中了解详细要求。

20. 电力交易平台密码忘记时，如何处理？

答：处理方法如下：①根据交易平台中的密码找回功能进行密码重置；②提供重置密码申请（含企业名称、账号）并签章，提交至交易机构市场注册管理专责或交易机构公务邮箱。

21. 市场成员自主注册时，相关信息是否必须一次性填报完成？

答：不是。基本信息、商务信息、账号信息填报完成后即可点击“保存”按钮生成账号。使用该账号登录后可对从业人员信息、附件等信息进行填报，并对原填报信息进行修改。

22. 市场成员自主注册保存时，提示“保存方法异常”怎么办？

答：首先检查输入信息是否含特殊符号，如英文分号（;）、&、@等，尤其是在“企业经营范围”栏目输入时；然后检查输入信息是否过长，超过限定长度范围。

23. 售电公司自主注册时，“从业人员配置信息”中没有“增加”等功能按钮怎么办？

答：该问题是因浏览器兼容性问题所致，请使用推荐浏览器。

24. 附件过大，无法上传怎么办？

答：平台对上传的附件大小有限制，当附件大小超过要求时，可将文件压缩后上传。可通过软件 Adobe Acrobat X Pro，或使用 SmallPDF 等在线工具进行文件压缩。

25. 提示“Adobe Flash Player 已过期”怎么办？

答：平台待办处理及交易申报等功能需 flash 控件支持，故浏览器需安装 flash 播放器。出现此问题时，仅需右键选择“运行此插件”或根据浏览器提醒进行插件安装即可。若安装后，仍未解决，可尝试刷新或重新打开页面。

26. 双边交易时，购方（如大用户或售电公司）进行交易确认时，提示“未查询到交易数据”怎么办？

答：该问题因售方还未申报，故购方没有数据可确认。一般而言，双边交易时采用售方申报购方确认的方式，故购方需待售方先申报后才能进行确认操作。

27. 双边交易时，购方进行交易确认时，提示“未在允许确认时间内，无法确认”怎么办？

答：该问题因已超过交易时段，无法进行交易确认。双边交易有交易时段限制，购方需在交易时段内进行交易确认。

28. 交易申报时，提示“有数据为空，确定保存数据”怎么办？

答：该问题为部分数据未维护，如用电最大电力（表示最大用电负荷），但该类信息属选填项而非必填项，故可对此提醒进行“确定”即可完成操作。

29. 当市场主体进行信息变更，提交审核时，提示“请您先保存所改信息”怎么办？

答：因为未锁定变更项，在提交审核前，需先点击“变更”按钮来确保变

更项为“加锁”状态，然后再点击“保存”和“提交审核”按钮。

30. 当市场主体信息变更提交审核后，仍提示“还未提交审核”怎么办？

答：提交审核时，需选择相应的审核人，不可强行关闭审核人员选择窗口。在点击“提交审核”按钮后，弹出审核人员名单后，需选择审核人，并点击“确定”按钮。

31. 如何获取电力交易平台的用户操作手册？

答：交易机构会根据平台升级情况，及时更新相关用户手册。请各市场主体在电力交易平台相关栏目获取。

32. 如何获取电力交易平台的技术支持？

答：获取电力交易平台技术支持的方法有以下四种：①根据交易平台发布的用户手册进行自助解答；②拨打技术支持电话热线；③前往交易机构服务大厅请求技术支持；④积极参加交易机构举办的相关培训。

33. 如何反馈对电力交易平台的意见和建议？

答：可通过以下途径反馈对电力交易平台的意见和建议：①向交易机构公务邮箱发送意见和建议；②向交易机构相关业务对口人员提出；③通过拨打技术支持电话进行反馈；④在培训过程中填写相关反馈。

第十一章　电力交易机构公司化管理

1. **电力交易机构公司化管理的要求是什么？**

答：电力交易机构是电力市场化改革的产物，一方面，电力交易机构是一个公司，必须完善公司法人治理结构，依据《中华人民共和国公司法》《中华人民共和国企业国有资产法》《企业国有资产监督管理暂行条例》《中央企业公司章程指引》运行；另一方面，建立电力交易机构的目的是为市场主体提供公平、规范的电力交易服务，电力交易机构是平台型、服务型公司，是特殊的公司，不以营利为目的，基本实现收支平衡。

2. **电力交易机构股东的权利与义务是什么？**

答：电力交易机构股东享有下列权利：

（1）参加或推选代表参加股东会，按出资比例行使表决权；

（2）依据电力交易机构章程规定推荐、选举和更换由非职工代表担任的董事、监事；

（3）查阅、复制电力交易机构章程、股东会会议记录、董事会会议决议、监事会会议决议和财务会计报告；

（4）按照法律、行政法规及章程的规定转让或受让对电力交易机构的股权；

（5）依照法律、法规和电力交易机构章程的规定，在机构终止、解散、清算时，按其持有的出资比例参加机构剩余财产的分配；

（6）电力交易机构新增资本时，优先按照实际缴纳的出资比例认缴出资；

（7）电力交易机构公积金转增资本，由股东各方按实际缴纳的出资比例拥有；

（8）享有法律、法规及电力交易机构章程规定的其他股东权利。

电力交易机构股东负有下列义务：

（1）遵守电力交易机构章程，保守机构秘密，自觉维护机构利益，服从和执行股东会决议，保障机构公平、公正运营；

（2）按章程规定足额缴纳认缴的出资额；

（3）以其认缴的出资额为限对电力交易机构承担有限责任；

（4）电力交易机构经核准登记注册后，不得抽回出资；

（5）除非有合理的原因，股东或其委托代表应当按时出席股东会议，并促使股东推荐的董事、监事按时出席董事会会议和监事会会议；

（6）不得利用股东身份非法或违规干预电力交易正常秩序与活动；

（7）不得滥用股东权利损害电力交易机构、其他股东或市场成员的合法权益；

（8）有关法律、行政法规和机构规定的其他股东义务。

3. 电力交易机构党组织设立的要求是什么？

答：根据《中国共产党章程》规定，经上级党组织批准后，电力交易机构应设立党组织。党的委员会由书记及其他党组织成员组成。党的工作机构设置、人员编制纳入电力交易机构管理机构和编制，党组织工作经费纳入公司预算，从机构管理费中列支。

4. 电力交易机构党组织在运行中的作用是什么？

答：按照党建引领，党管一切的要求，电力交易机构党组织在生产经营中发挥领导作用，把方向、管大局、保落实，依照规定讨论和决定电力交易机构重大事项。电力交易机构党的委员会研究讨论是董事会、经理层决策重大问题的前置程序，重大经营管理事项须经党组织研究讨论后，再由董事会或者经理层作出决定。

领导电力交易机构意识形态工作、思想政治工作、精神文明建设、统一战线工作，领导工会、共青团等群团组织。

依据《中国共产党章程》及纪律检查部门要求设立相应纪律检查机构，负责日常纪检监察工作。纪律检查机构有权依法依规对公司各级管理人员执行公司职务的行为进行监督。

机构决定重大问题，应事先听取机构党组织的意见。参加有关会议的党组织成员应当按照党组织会的决定发表意见，进行表决。

5. 如何设立电力交易机构股东会？

答：电力交易机构股东会由全体股东组成，是电力交易机构的最高权力机构。

6. 电力交易机构股东会的权利是什么？

答：电力交易机构股东会行使以下职权：

（1）决定机构的战略和发展规划；

（2）决定机构的经营方针和投资计划；

（3）组建董事会、监事会，选举和更换由股东代表出任的董事、监事；

（4）审议批准董事会的报告；

（5）审议批准监事会的报告；

（6）审议批准机构的年度财务预算方案、决算方案；

（7）审议批准机构的利润分配方案和弥补亏损的方案；

（8）对机构增加或者减少注册资本作出决议；

（9）对机构合并、分立、解散、清算、申请破产、变更机构形式作出决议；

（10）修改机构章程；

（11）审议批准机构资产转让、产权变动事项；

（12）批准机构重大财务事项和重大会计政策、会计估计变更方案；

（13）对年度财务决算进行审计、对重大事项进行抽查检查，并按照负责人管理权限开展经济责任审计；

（14）法律、行政法规或章程规定的其他职权。

对以上所列事项，股东以书面形式一致表示同意的，可以不召开股东会会议，直接作出决定。股东会决议由各股东法定代表人或其授权代理人签署后生效。

7. 电力交易机构股东会由谁召集？

答：电力交易机构股东会首次会议由出资最多的股东召集和主持。

后续股东会会议由董事会召集，董事长主持。董事长不能履行职务或者不履行职务的，由半数以上董事共同推举一名董事主持。

董事会不能履行或者不履行召集股东会会议职责的，由监事会召集和主持；

监事会不召集和主持的，代表十分之一及以上表决权的股东可以自行召集和主持。

8. 在什么情况下应该召开电力交易机构股东会会议？

答：股东会会议分为定期会议和临时会议。定期会议每年至少召开一次。经代表十分之一及以上表决权的股东、三分之一及以上董事或者监事会提议，应当召开临时股东会会议，临时股东会会议决议与定期股东会会议决议具有同等效力。

9. 电力交易机构召开股东会应提前多久通知？

答：定期会议应当于会议召开 15 日前通知全体股东，临时会议应当于会议召开 5 日前通知全体股东。涉及股东会审议事项所需的文件、信息和资料，应当与通知一并送达全体股东。

10. 电力交易机构股东会如何表决？

答：由股东按照出资比例行使表决权，决议经代表二分之一及以上表决权的股东表决通过，但对股东会会议作出修改章程、增加或者减少注册资本以及机构合并、分立、解散或者变更机构形式的决议，必须经代表三分之二及以上表决权的股东表决通过。重大决议需报政府相关部门批准后执行。

股东会应对所议事项的决定制作书面会议记录或专项决议，出席会议的股东代表应在会议记录或决议上签名。任何书面决议经各股东法定代表人或其授权代理人签署并达到有效表决时，则该决议视为股东会通过的有效决议。会议记录或决议应归档保存，专人保管，在机构经营期限内不得销毁、遗失。

11. 股东法定代表人无法出席股东会议怎么办？

股东法定代表人无法出席会议的，可以书面委托代理人出席股东会并代为行使表决权。代理人出席的，应当提交股东授权委托书，并在授权范围内行使表决权，该被委托人不得泄露机构商业机密，否则该股东及被委托人向机构及其他股东共同承担侵权责任。

12. 如何设立电力交易机构董事会？

答：电力交易机构应设立董事会，董事会是公司经营管理的决策机构，向

股东会负责。董事会的设立由章程明确，董事的数量一般为单数，由股东选举产生。董事会设董事长 1 名，为公司的法定代表人，由全体董事过半数选举产生。董事每届一般任期为 3 年，董事任期自股东会决议通过之日起计算。

13. 电力交易机构董事会的职权是什么?

答：电力交易机构董事会依法行使下列职权：

（1）召集股东会会议，并向股东会报告工作；

（2）执行股东会的决议；

（3）制订机构战略和发展规划；

（4）审定机构的经营计划和投资方案；

（5）制订年度财务预算方案、决算方案；

（6）制订利润分配方案和弥补亏损方案；

（7）制订增加或者减少注册资本方案；

（8）制订合并、分立、解散或者变更机构形式的方案；

（9）制订章程草案和章程的修改方案，以董事会名义报股东会审批；

（10）制订资产转让、产权变动方案；

（11）根据授权，决定内部有关重大改革重组事项，或者对有关事项作出决议；

（12）制定基本管理制度；

（13）决定机构内部管理机构的设置；

（14）按照领导人员管理权限和相关工作程序，决定聘任或解聘机构总经理及其报酬事项，并根据总经理的提名决定聘任或者解聘机构其他高级管理人员及其报酬事项；

（15）批准重大收入分配方案；

（16）决定机构的风险管理体系、内部控制体系、违规经营投资责任追究工作体系、法律合规管理体系，制订重大会计政策和会计估计变更方案，指导、检查和评估内部审计工作，审议内部审计报告，决定内部审计机构的负责人，建立审计部门向董事会负责的机制，董事会依法批准年度审计计划和重要审计报告，决定聘用或解聘负责财务会计报告审计业务的会计师事务所及其报酬，

决定资产负债率上限，对风险管理、内部控制和法律合规管理制度及其有效实施进行总体监控和评价；

（17）听取总经理工作报告，检查总经理和其他高级管理人员对董事会决议的执行情况，建立健全对总经理和其他高级管理人员的问责制；

（18）批准一定金额以上的融资方案、资产处置方案以及对外捐赠或者赞助，决定具体金额标准；

（19）制订董事会的工作报告；

（20）决定公司行使所投资企业的股东权利所涉及的事项；

（21）法律法规、监管规定、章程或股东会授予的其他职权。

14. 在什么情况下应该召开电力交易机构董事会会议？

答：董事会会议包括定期会议和临时会议。董事会每年应当至少召开一次定期会议。有下列情形之一的，董事长应当召集并主持董事会临时会议：

（1）三分之一及以上董事提议时；

（2）股东会认为必要时；

（3）董事长认为必要时；

（4）监事会提议时；

（5）党组织认为必要时；

（6）公司总经理提议时。

15. 如何召开电力交易机构董事会？

答：董事会会议由董事长召集和主持；董事长不能履行职务或者不履行职务的，由半数以上董事共同推举一名董事召集和主持。董事会会议应当有半数以上的董事出席方可举行。

16. 应提前多久通知召开电力交易机构董事会？

答：应当在会议召开 5 日以前书面通知全体董事。会议通知应载明会议时间、地点、会议方式、议题及相关资料。

若出现特殊情况需要董事会即刻作出决议的，董事长召开临时董事会会议可以不受会议通知方式及通知时限的限制，通过电话或者其他口头方式发出会议通知，但应当在会议上作出说明。

17. 电力交易机构董事会如何表决？

答：董事会会议实行一人一票表决制度。董事对提交董事会审议的议案可以表示同意、反对或弃权。表示反对、弃权的董事，必须说明具体理由并记载于会议记录。

董事会所议事项应当由半数以上与会董事表决通过方为有效。但是对修改机构章程、增加或者减少注册资本以及机构合并、分立、解散或者变更机构形式的事项，必须经全体董事三分之二及以上董事表决通过方可提交股东会审议。

董事会会议应形成会议记录和会议决议。出席会议的董事应当在会议记录和会议决议上签名。代理人出席时，由代理人签名。

董事会决议、会议记录由董事会秘书处负责归档保存保管，不得销毁、遗失。

18. 什么情况下董事可以对董事会的错误决议不承担责任？

答：董事应当对董事会的决议承担责任，出席会议的董事有权要求在记录上对其在会议上的发言作出说明性记载。董事会的决议违反法律、行政法规或者机构章程、股东会决议，致使遭受严重损失的，参与决议的董事依法承担责任。但经证明在表决时曾表明异议并记录于会议记录的，该董事可以免除责任。

19. 什么情况下可以缓开董事会或者缓议董事会议议题？

答：当三分之一及以上董事认为资料不充分或者论证不明确时，可以书面形式联名提出缓开董事会会议或者缓议董事会会议所议议题，董事会应当采纳。同一议案提出缓议的次数不得超过两次。同一议案提出两次缓议之后，提出缓议的董事仍认为议案有问题的，可以在表决时投反对票。

20. 董事无法出席董事会怎么办？

答：董事会应当由董事本人出席，必要时，在保障董事充分表达意见的前提下，经召集人（主持人）同意，通过视频或电话方式参加会议可以视为本人出席会议。董事因特殊情况不能出席时，可以书面委托其他代理人代为出席，委托书中应载明代理人姓名、委托事项、授权范围和代理期限，代理人在授权范围内表决的意见由委托董事承担责任，代理人超越代理权限的行为无效。董事未出席也未委托代理人出席会议的，视为对董事会决议弃权。除不可抗力等

特殊情况以外，每年度出席董事会会议次数不得少于会议总数的四分之三。

21. 董事会可以邀请哪些人列席？

答：董事会可以根据需要邀请高级管理人员、相关业务部门负责人和专家等有关人员列席，对涉及的议案进行解释、提供咨询或者发表意见、接受质询。列席董事会会议的人员没有表决权。

22. 电力交易机构的高级管理人员包括哪些人员？

答：电力交易机构的高级管理人员包括总经理、副总经理、财务负责人以及其他由机构按照规定明确聘任为高级管理人员的人员。

23. 电力交易机构的总经理有哪些职权？

答：总经理对公司和董事会负有忠实和勤勉的义务，应当维护股东和机构利益，认真履行职责，落实董事会的决议和要求，完成年度、任期经营业绩考核指标和经营计划。

总经理对董事会负责，向董事会报告工作，董事会闭会期间向董事长报告工作。总经理应行使下列职权：

（1）主持生产经营管理工作，组织实施执行董事会决议；

（2）拟订战略和发展规划、经营计划、投资计划和投资方案，经股东会批准后组织实施；

（3）根据董事会授权决定一定额度内的投资项目；

（4）根据投资计划和投资方案，批准经常性项目费用和长期投资阶段性费用的支出；

（5）拟订重大融资方案，批准小额融资方案；

（6）拟订重大资产处置方案、对外捐赠或者赞助方案，批准公司小额资产处置方案、对外捐赠或者赞助；

（7）拟订年度财务预算方案、决算方案，利润分配方案和弥补亏损方案；

（8）拟订增加或者减少注册资本的方案；

（9）拟订内部管理机构设置方案；

（10）拟订的基本管理制度，制定具体规章；

（11）拟订改革、重组方案；

（12）根据领导人员管理权限和相关工作程序，提请董事会聘任或解聘高级管理人员；

（13）决定聘任或者解聘除应由董事会决定聘任或者解聘以外的其他管理人员；

（14）拟订收入分配方案；

（15）拟订建立风险管理体系、内部控制体系、违规经营投资责任追究工作体系和法律合规管理体系的方案，经董事会批准后组织实施；

（16）建立总经理办公会制度，召集并主持总经理办公会；

（17）协调、检查和督促各部门的生产经营和改革、管理工作；

（18）提出行使所投资企业股东权利所涉及事项的建议；

（19）法律、行政法规、章程规定和董事会授权行使的其他职权。

如总经理非公司董事，则列席董事会会议。

24. 电力交易机构的监事会如何设立？

答：电力交易机构设监事会，监事会是监督机构，向股东会负责。监事会的设立由章程明确，监事的数量一般为单数，监事会设主席 1 名，由全体监事过半数选举产生。监事每届任期一般为 3 年，监事任期自股东会决议通过之日起计算。任期届满可以连选连任。

25. 电力交易机构的监事会具有哪些职权？

答：电力交易机构的监事会行使以下职权：

（1）检查机构财务；

（2）对董事、高级管理人员执行公务的行为进行监督，对违反法律、行政法规、章程或者股东会决议的董事、高级管理人员提出罢免的建议；

（3）当董事、总经理或其他高级管理人员的行为损害机构利益时，要求其予以纠正；

（4）提议召开股东会临时会议，在董事会不履行章程规定的召集和主持股东会会议职责时召集和主持股东会会议；

（5）向股东会会议提出议案；

（6）依照《公司法》的相关规定，对董事、高级管理人员提起诉讼；

（7）机构章程规定的其他职权。

26. 如何召开电力交易机构的监事会？

答：监事会会议包括定期会议和临时会议。监事会每年至少召开一次定期会议，监事可以提议召开临时监事会会议。会议通知应当在会议召开5日前以书面通知全体监事，会议通知应载明会议时间、地点、会议方式、议题及相关资料。

监事会会议由监事会主席召集和主持。监事会主席不能履行职务或者不履行职务的，由半数以上监事共同推举一名监事召集和主持监事会会议。

27. 电力交易机构董事会如何表决？

答：监事会会议应当由半数以上的监事出席方可举行。监事会会议实行一人一票表决制度，监事会决议经半数以上监事通过方可有效。监事对提交监事会审议的议案可以表示同意、反对或弃权。

监事会会议应当由监事本人出席，必要时，在保障监事充分表达意见的前提下，经召集人（主持人）同意，通过视频或电话方式参加会议可以视为本人出席会议。监事因特殊情况不能出席时，可以书面委托其他代理人代为出席，委托书中应载明代理人的姓名、代理事项、授权范围和有效期限，并由委托人签名或盖章。监事未出席也未委托代表出席会议的，视为对监事会决议弃权。

除不可抗力等特殊情况以外，每年度出席监事会会议次数不得少于会议总数的四分之三。

监事会对所议事项的决定形成会议记录，出席会议的监事应当在会议记录上签名。代理人出席时，由代理人签名。出席会议的监事有权要求在记录上对其在会议上的发言作出说明性记载。

28. 如何进行电力交易机构的民主管理？

答：建立以职工代表大会为基本形式的民主管理制度。研究决定经营方面的重大问题、制定重要的规章制度时，应当听取工会的意见，并通过职工大会或职工代表大会或者其他形式听取职工的意见和建议。涉及职工切身利益的重大事项必须提请职工大会审议通过。

29. **如何进行电力交易机构的劳动人事管理？**

答：依据国家法律、行政法规和有关政策规定，制定公司内部劳动、人事、工资和分配规章制度。按照国家和地方政府的法律法规和规定，参加各种社会保险，依法缴纳各项社会保险费，执行劳动保护政策，保障劳动者的合法权益。

各电力交易机构已于2020年改制为股权多元化公司，由于电力交易机构的人员都是来自电网公司，与电网公司签订劳动合同，普通工作人员可采用借工方式派驻电力交易机构，也可以先与电网公司解除劳动合同，再与电力交易机构签订劳动合同。借工人员与电力交易机构签订上岗协议，工资可以由电网公司或交易机构发放，统一纳入输配电成本。高管层作为股东代表，由股东派出，由电力交易机构董事会聘任。

中层干部由电力交易机构决策及任免。对于电网公司借工至交易机构的普通人员的晋升，继续由电网公司党委决策，再推荐至交易机构任职，由交易机构根据电网公司推荐意见履行内部决策程序后任免。

30. **电力交易机构财务会计、审计与法律顾问制度分别是怎样的？**

答：电力交易机构依照国家法律、行政法规、国务院财政主管部门的规定，建立健全公司及所属企业财务会计制度和审计制度，加强会计核算与财务管理。会计年度采用公历年制，自公历每年1月1日起至当年的12月31日止为一个会计年度。定期编制财务报告，年度财务报告依法经具有相关业务资格的会计师事务所进行财务审计，并经过董事会审议通过。

电力交易机构按照国家规定实行内部审计制度，设立内部审计机构。内部审计机构对董事会负责，定期提交内部审计报告。

电力交易机构实行法律顾问制度，发挥法律顾问在经营管理中的法律审核把关作用，推进机构依法经营、合规管理。

31. **电力交易机构的股权转让和质押要求是什么？**

答：自完成工商变更登记之日起5年内，股东不得转让所持有的股权。股东在期限结束后转让股权的应经其他股东过半数同意。受让方应符合有关法律、法规、规章、规范性文件对电力交易机构股东的有关规定。

经同意转让的股权，在同等条件下，其他股东有优先购买权。两个以上股东主张行使优先购买权的，协商确定各自的购买比例；协商不成的，按照转让

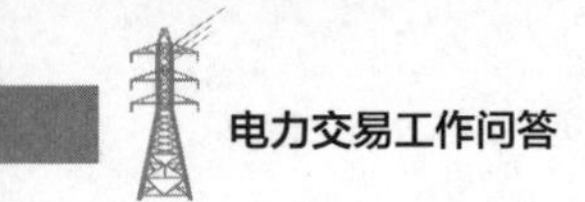

时各自实缴的出资比例行使优先购买权。出让方正式提出转让后，无一方在期限内行使优先购买权，则视作其他各方同意转让该出资。

第三方受让股权时，须在机构股权转让合同中承诺保证履行和承担章程及其他制度所确定的股东责任和义务。

转让股权后，应当注销原股东的出资证明书，向新股东签发出资证明书，将受让人的姓名或名称、住所以及受让的出资额记载于股东名册，并相应修改章程。对章程该项修改不需再由股东会决议。

股东不得将其持有的股权设定质押或者设立信托，不进行任何形式的担保。

32. 电力交易机构在什么情况下应当解散和清算？

答：有下列情形之一的，应当解散并依法进行清算：

（1）股东会决议解散；

（2）因合并或者分立时需要解散；

（3）依法被吊销营业执照、责令关闭或者被撤销；

（4）因不可抗力事件致使无法继续经营时；

（5）依法宣告破产；

（6）人民法院依照《公司法》规定予以解散；

（7）章程规定的营业期限届满或者出现章程规定的其他解散事由。

因除第 2 项以外的情形解散时，应依《公司法》规定成立清算组，对资产进行清算。财产能够清偿债务的，在分别支付清算费用、职工工资和社会保险费用、法定补偿金，缴纳所欠税款，清偿债务后的剩余财产，按照股东的实缴出资比例分配。清算结束后，清算组应当编制清算报告，报告股东会和主管机关确认，并报送登记机关，申请注销登记，公告机构终止。

33. 电力交易机构应该建立怎样的绩效管理体系？

答：电力交易机构应建立科学、规范的绩效管理体系，包括工作体系、监督体系和改进考核体系，提高员工的工作积极性，保障各项工作目标完成，提升企业效益效率，促进高质量发展，持续改进全员绩效。

34. 如何进行电力交易机构的绩效管理？

答：一是明确职责。设立绩效管理委员会，主要负责人任主任，成员由其

他领导班子成员组成。其主要职责是审定绩效管理实施细则、考核指标及重点工作任务分解，对部室进行绩效评价，决策绩效管理重大事项。绩效管理委员会下设绩效管理委员会办公室（简称绩效办），具体实施绩效管理工作，对重点工作进行督办。

二是明确考核内容、考核标准、考核周期。根据机构工作目标，明确考核内容、考核标准。可采取目标任务制、工分制、抢单制等方式。采取目标任务制时，可制定目标任务指标、奖励性加分、减项指标和综合评价。其中，目标任务指标包括关键业绩指标和重点工作任务；奖励性加分是指工作干出特色、影响，得到上级认可，获得有关荣耀等；减项指标主要是出现安全事故、廉政问题等的减分；综合评价可采取领导评价与部室互评相结合的方式进行，领导评价从工作质量和执行力两个维度对部室工作进行评分，各部室对其他部室的工作协同配合情况进行评分。考核周期可以按月、季或年进行。

三是认真进行绩效管理活动。绩效管理工作包括绩效计划制定、绩效计划实施、绩效考核评价、绩效反馈和改进提升等环节。年初，绩效办根据上级下达的考核指标及重点工作任务，拟定和分解年度目标任务指标，经绩效管理委员会审定后，编制机构年度绩效合约；由绩效办组织各部室梳理年度工作任务，编制部室年度绩效合约，报分管领导审核后，由分管领导与各部室负责人进行签订。每季度（或月）前，各部室负责人将年度工作任务按进度要求和考核周期分解成季度（月）工作目标，编制部室季度（月）绩效合约，由分管领导与各部室负责人进行签订。各部室按照绩效计划，落实节点任务，分析、查找绩效计划执行偏差和问题，制定改进措施并实施。绩效办动态跟踪各部室重点督办工作完成进度，提交检查结果给绩效管理委员会。绩效考核评价方面，在考核期末，各部室根据绩效目标完成情况和评价标准进行绩效自评，给绩效办提交绩效汇报材料和申请加分佐证材料。

绩效办组织召开绩效评价改进会议，由绩效管理委员会对各部室实施考核评价，研究确定部室绩效评价结果，会后由绩效办以会议纪要形式进行结果发布。结果发布后，由各部室负责人对员工进行月度绩效考核评价，将员工月度绩效结果报绩效办。在绩效反馈和改进提升方面，开展绩效面谈，反馈考核结果，帮助部室、员工查找问题，制定部室、员工的绩效改进计划，并指导部室

员工持续提升绩效。

四是考核结果确定与应用。部室和员工的绩效评价采取季度（月度）评分、年度评分评等级的方法。全年绩效为季度（月度）评分与年度指标完成得分加权平均得分。根据全年得分排序，可赋予 A、B、C、D 评级，绩效考核结果应与薪酬分配、岗位调整、人才评价、评优评先等挂钩。一般，年度绩效考核结果达到 B 级及以上的，方可参加各类先进集体的评选。

35. 电力交易机构应该建设怎样的企业文化？

答：在企业管理中，制度是外加的、刚性的、硬邦邦的，是企业强加给员工的。而文化是内在的、软性的、人文的，在某种程度上是一种理念和信仰。文化建设在电力交易机构管理中起到重要的导向作用、激励作用、凝聚作用和约束作用。

在导向作用方面，与纪律或制度不同，通过企业文化来引导企业成员的行为，通过氛围营造和文化宣传，在文化的潜移默化中接受共同的价值观念。

在激励作用方面，共同的价值观、信念及行为准则形成强烈的使命感和持久的驱动力，能使人产生认同感、归属感及安全感，起到相互激励的作用。

在凝聚作用方面，制度、纪律是“刚性连接件”，共同的价值观、信念、行为准则是“内部粘结剂”。如果说制度、纪律是砖，那么文化就是水泥。

在约束作用方面，通过长时期的培育建设，形成一些成文或约定俗成的规章制度、道德规范和行为准则来规范员工的行为，通过职工的思想和行为直到来自心理的、自我约束的控制作用。

交易中心是不以盈利为目的的特殊公司，是平台企业，为市场主体服务。因此，公平、公正是它的核心生命力，而通过交易平台打造能源生态圈，实现各方共赢，是它的价值所在。因此，电力交易中心应该建立公平公正、共享共赢的企业文化。

36. 如何建设电力交易机构的企业文化？

答：首先，要组建企业文化战略委员会，由电力交易中心主要负责人亲自领导，并与专业咨询机构合作组建企业文化执行小组；其次，认真分析电力交易机构的起源、现状、最终目标、地域特点等，得出电力交易机构的发展要求；

第三，科学性、艺术性地归纳总结企业远景、企业使命、企业精神、企业理念、企业战略、企业口号等；第四，依据已提炼出的理念层和企业实际需求，设计企业行为规范，包括员工行为规范、服务规范等；第五，进行企业形象系统规划；第六，对企业文化进行宣传、解释，可以采取张贴宣传企业文化的标语、印制企业文化手册、网站建设等方式进行宣传。

例如，湖南电力交易中心在2021年初建立了自己的企业文化，在文化建设中考虑了第一大股东国网公司底色：全球能源互联网建设、努力超越追求卓越的企业精神，电力交易机构特色：公平、公正、共享、共赢，湖湘文化经世致用、敢为人先的精神，以及企业与员工同向、共同发展的愿景，提出了湖南电力交易中心核心价值观是“心致正、行致和”，经营宗旨是“公平、科学、创新、共赢”，机构定位是“努力创践卓越领先的电力交易中心”，员工文化“快乐工作、幸福生活”等，得到了员工的认同和外界的一致好评。

第十二章　综　合　部　分

1. 为什么要进行市场主体信用评价？

答：（1）党中央、国务院高度重视社会信用体系建设，要求“加强市场主体诚信建设”。

（2）电力管理部门有明确、具体的要求。《关于推进电力交易机构独立规范运行的实施意见》（发改体改〔2020〕234 号）中提出“加强专业化监管体系建设”及“加快行业信用体系建设”。

（3）防范市场风险的需要。《国家发展改革委关于全面放开经营性电力用户发用电计划的通知》（发改运行〔2019〕1105 号）印发后，省级政府不再按年公布当地符合标准的发电企业或售电主体目录，也不再对用户目录实施动态监管，市场主体可自愿到交易机构注册成为市场主体，交易机构依据市场主体的申请按照“一注册、一承诺、一公示、三备案”程序为其办理入市注册。由于取消了准入制，有可能存在极少数不满足准入条件的市场主体进入了市场；同时，也可能存在市场主体在经营过程中因各种原因不满足准入条件或者符合退市条件。若许可不适格的市场主体参与市场活动，势必影响电力市场的良好秩序。这些均要求加强市场主体准入、交易合同、交易价格的事中、事后监管。而市场主体信用评价工作通过制订和实施科学、适用的市场主体信用评价管理办法和评价指标体系，可以对市场主体在经营管理过程中执行国家政策、法律法规及交易规则、履行相关合同的能力及意愿进行综合评价，并通过评价结果的适用，实施联合奖惩。这样可有效规范市场主体市场行为、加强行业自律和社会监督、防范市场风险。

2. 怎么进行市场主体信用评价？

答：（1）评价工作可由全国性能源行业依法组织开展；在能源行业信用体系建设领导小组及其办公室、全国性能源行业组织的指导和监督下，也可由第

三方信用服务机构与全国性能源行业组织合作开展；在政府有关部门指导下，也可由交易机构组织开展。在实践中，由于交易机构拥有市场主体最完整的场内交易信息、完善的信用评价支撑平台、坚实的人力资源保障等优势，且对评价结果在电力市场交易中如何适用最有发言权，由交易机构在政府有关部门指导下组织开展市场主体信用评价工作是比较合适的。

（2）评价对象为已获得市场准入、完成注册登记流程，并参加过电力交易的全部发电企业、售电公司、电力用户、电网公司等市场主体。列入国家企业信用信息公示系统中严重违法失信企业名单（黑名单）的企业不允许进入电力市场。

（3）评价指标体系根据数据获取渠道和市场主体信用表征范围分为场内评价指标和场外评价指标。场内评价指标对市场主体在电力交易过程中的表现进行定量评价，场外评价指标主要评价市场主体的财务状况和社会信用状况。评价指标一般包括市场化交易能力、交易管理、合同管理、运行管理、结算管理、信息公开、财务状况和社会信用八个方面，另根据不同类的市场主体还设置了相应的奖惩指标。

（4）评价结果一般采用“三等五级”制，即分为 A、B、C 三等，下设 AAA、AA、A、B、C 五级。

（5）评价周期原则上是每年一季度发布上一年度信用评价结果，也可以根据需要每半年或每季发布上一个半年度或上一季度的信用评价结果。

（6）评价数据的采集主要来自于场内，场外需要采集的数据不多。

（7）信用评价组织实施机构对采集的数据进行计算，确定信用评价结果，形成信用评价报告，并在相应的网站上公示。

（8）市场主体对于评价公示的结果可在公示期内提出异议申诉，由评价组织实施机构据实确定异议申诉是否有效。若市场主体具体失信行为被行政机关或复议机关决定撤销、变更的，亦或被人民法院判决撤销、变更的，由市场主体提出申请并提供佐证材料，评价组织实施机构负责修正相关信息或信用评价结果。

（9）评价结果一般会根据评价组织实施机构的层次发布在对应的信用网站或组织实施机构的官方网站上。

3. 如何应用市场主体信用评价结果?

答：市场主体信用评级结果主要适用于电力市场，一般与市场主体准入退出制度、履约保函（保证金）制度、交易规则等联动，建立有效的联合奖惩制度。

评价结果应用包括交易行为预警、交易风险防控、失信惩戒等方面。

（1）交易行为预警。评价结果为B级，对该市场主体发出书面预警，并通过通知、系统提示等方式告知与其存在电力市场化交易合同关系的相对方。评价结果为C级，通过公告、通知等形式向全市场进行预警。

（2）交易风险防范。信用等级越高的市场成员，根据交易规则或交易方案可参与的市场交易种类越多、范围越广，合同成交优先级越高，提交的履约保证函（保证金）额度低甚至不需提交履约保证函（保证金）；信用等级较低的市场主体，则被要求缴纳较多的保证金，甚至被限制交易。

（3）联合惩戒。信用等级为C的市场主体，可能被建议追加为黑名单或重点关注名单。政府信用体系中涉及市场主体财务状况、信用情况等场外指标的评价结果，将在市场主体信用评价中直接采用。对于已经纳入各级政府认定的黑名单或重点关注名单的市场主体，将予以扣分、降级、限制交易直至退市处理。

4. 股东单位如何查阅、复制交易中心相关资料?

答：根据《中华人民共和国公司法》，股东单位可查阅、复制交易中心的资料，包括章程、股东会会议记录、董事会会议决议、监事会会议决议及财务会计报告。仅供查阅的资料是指交易中心会计账簿。查阅会计账簿需提出书面请求，说明查阅目的，不得复制。

股东单位应妥善保管复制的资料，严格履行保密责任，未经许可不得向其他单位和个人进行披露。若有违反，应依法承担相应责任。

交易中心股东单位经办人员查阅、复制资料应提供身份证明、介绍信，并签署《关于股东查阅复制交易中心资料有关事项的告知书》，由市场部审核后填写《查阅、复制资料申请单》，同步履行公司审批程序后方可提供。

因履行董事、监事职责需要，交易中心董事、监事查阅复制资料应提供身份证复印件（标注“查阅或复制交易中心资料使用”及使用日期），并填写《非职员董事、非职工监事查阅复制资料申请单》，由综合部审核后同步履行公司审批程序后提供。

5. 全面预算管理体系组织机构的职责分工是什么？

答：全面预算管理体系的组织机构包括：预算决策机构、预算管理办公室和预算责任部门。

公司股东会、董事会是预算管理的决策机构。董事会负责审核公司年度预算方案和调整预算方案，并提交股东会审议；股东会负责审议批准公司年度预算方案和调整预算方案。

预算管理办公室是预算管理的日常工作机构，办公室设在财务资产部，主要职责是负责制（修）订预算管理制度并监督执行；负责组织编制预算方案及预算调整方案，提交预算决策机构审议，待履行公司相关决策程序后分解下达至相关部室并督导落实；负责统筹平衡财务能力与投入需求，组织相关专业部室提出业务预算建议方案；负责组织开展预算执行分析和监督检查，协调解决预算管理过程中的重要事项；负责组织实施预算考核与奖惩工作；负责完善预算管理相关的报告体系。

各部室是预算管理责任部门，应当在预算管理办公室的指导下，组织开展工作。各部室的主要职责如下。

（1）财务资产部：财务资产部是全面预算归口管理部门，除预算管理办公室的职责外，还要负责项目可研经济性与财务合规性审查；负责职工薪酬、福利支出、差旅费、业务费等业务预算管理；负责审核各部门教育培训项目计划，提出教育培训项目预算安排建议；负责预算与综合计划的衔接。

（2）综合部：综合部负责办公费、业务招待费、车辆使用费、出国（境）人员经费、会议费、广告宣传费、企业负责人履职待遇和业务支出等业务预算管理；负责党组织工作经费预算管理；负责审核各部门管理咨询项目、课题研究项目；负责小型基建项目、固定资产零购项目、生产辅助技改、生产辅助大修项目审核，提出预算安排建议；开展项目预算执行情况分析。

（3）市场部：市场部负责提出市场成员本专业培训计划；负责提出市场相

关管理咨询和课题研究预算安排建议；负责市场建设投入、品牌建设推广投入项目预算安排建议；开展项目预算执行情况分析。

（4）交易部：交易部负责提出市场成员本专业培训计划；负责提出交易相关管理咨询和课题研究预算安排建议；开展项目预算执行情况分析。

（5）结算部：结算部负责提出市场成员本专业培训计划；负责提出结算相关管理咨询和课题研究预算安排建议；开展项目预算执行情况分析。

（6）技术部：技术部负责汇总审核各部门提出的交易平台建设计划，提出交易平台开发项目预算安排建议；负责信息化投入项目审核，提出项目安排建议；开展项目预算执行情况分析。

6. 交易中心全面预算管理体系应包含哪些内容？

答：交易中心全面预算管理体系包括：一个主体（预算组织机构）、三类对象（综合预算、业务预算和财务预算）、四大环节（预算编制、监控分析、预算调整、考核评价）、两项保障（制度保障、信息技术保障）。

按照管理环节划分，交易中心全面预算管理分为预算编制（含审批、下达）、监控分析（含执行、监控、分析）、预算调整、考核评价等主要环节。

按照管理期间划分，交易中心全面预算分为中长期预算、年度预算和月度预算。交易中心应结合财务发展规划及外部监管要求，建立健全中长期预算管理机制，促进年度预算有效衔接中长期预算，月度预算有效落实年度预算。

按照管理属性划分，交易中心全面预算分为综合预算、业务预算和财务预算。综合预算全面反映预算期间交易中心财务状况、经营成果和资金收支，既是业务预算和财务预算结果的综合体现，又根据经营目标对业务预算和财务预算实施统筹优化和综合平衡。

（1）综合预算包括利润总额、净利润、资产负债、资本性收支、融资等预算及应收利润率、EVA 等经营业绩考核指标。

（2）业务预算包括职工薪酬、福利支出；小型基建、生产技改、生产辅助技改、生产大修、生产辅助大修、零星购置、信息化投入、研究开发、管理咨询、教育培训、市场建设投入等，以及其他资本性和成本性项目预算等。

（3）财务预算包括固定资产折旧、利息支出、资产减值损失预算、其他业务收支、营业外收支、应交税金、资本运营等预算。

7. 预算编制、审批、发布与执行流程是什么？

答：编制与审批流程如下：

配合控股公司“两下两上、先下后上”预算编审流程，开展公司预算编制和审核工作。

每年10月中旬，预算管理办公室组织召开会议，启动下一年度预算编制工作。研究政策、研判市场，收集业务信息，提出预算编制原则建议；结合公司财务状况、提出预算总控目标建议草案。

每年10月下旬，根据控股公司“一下”预算中确定的总控目标，完善预算编制原则，调整公司预算总控目标建议草案，报总经理办公会审核。

每年11月中旬，根据确定的预算总控目标和预算编制大纲，组织开展预算草案编制工作，优化平衡能力与需求、收入和支出，形成公司预算草案建议，经总经理办公会审核后报送控股公司。

次年2月底前，根据控股公司下达的“二下”预算方案，将预算责任层层分解落实到各部室和明细项目，形成年度预算执行控制方案，经董事会审核、股东会审议批准后报送控股公司。

发布流程如下：

公司应严格执行股东会审议批准的预算方案，将预算指标层层分解后下发各部室，形成全面的预算责任体系，确保年度经营目标可控、在控。

执行流程如下：

（1）交易中心应建立月度预算管理制度。加强预算执行过程管控，按照时序将年度预算分解到月度，促进年度预算有序完成。通过月度现金流量预算对接具体项目和明细科目，实现业务流与资金流双控。

（2）各业务部门要按照职责分工提报归口业务的资金支出申请。财务资产部要做好月度现金流量预算安排与实际资金收支的衔接，严格按照月度现金流量预算组织资金收支，控制支付风险，增强现金保障能力，提高资金使用效率。

（3）要严格预算控制，确保有预算不超支、无预算不开支。公司对“三公”经费、会议费、客服及商务费、信息系统运维费、团体会费等重点支出预算实

施单项控制。对于未纳入年度预算和月度现金流量预算但确需发生的预算外支出，应按规定履行审批程序后实施。

（4）建立重大预算偏差事项报告制度。发生重大预算偏差事项时，责任部室应向预算管理办公室进行专题报告。

（5）建立预算分析通报制度。监控预算执行进度，跟踪分析存在的问题，及时提出解决措施。

8. 资金安全管理模式及职责是什么？

答：管理模式：交易中心实行分层管理、分级负责的资金安全管理责任制度。

职责划分：交易中心主要负责人是资金安全管理的第一责任人，负责内控体系运行及关键岗位人员配备，落实资金安全岗位责任，保障资金安全。各业务的分管领导负责组织落实本专业资金安全管理规章制度，不断完善资金安全管理内控体系，承担相应责任。财务和业务部门负责人对本部门资金安全管理负责，承担相应责任。财务和业务部门承办业务的人员根据职责对经办业务的资金安全负责，承担相应责任。

9. 交易机构的咨询方式有哪些？

答：可通过交易大厅现场咨询，也可以通过电话、传真、问询答复电子邮箱、微信群、交易平台以及与交易中心专业部室人员面对面咨询等多种方式进行。

10. 交易机构财务经营管理的模式是什么？

答：依据国家发改委、能源局《关于推进电力交易机构独立规范运行的实施意见》（发体改〔2020〕234号）的要求，交易机构应坚持非营利性定位，根据员工薪酬、日常办公、项目建设等实际需要，合理编制经费预算。与电网企业共用资产的交易机构原则上不向市场主体收取费用，所需费用计入输配电环节成本并单列，由电网企业通过专项费用支付。具备条件的交易机构经市场管理委员会同意，也可向市场主体合理收费，经费收支情况应向市场主体公开。

11. 交易机构的主要安全隐患是什么？如何进行安全管理？

答：交易机构的主要安全隐患是网络安全隐患和交易信息保密安全隐患。

针对主要安全隐患，交易机构一是要加强安全宣传教育，引导全体人员深

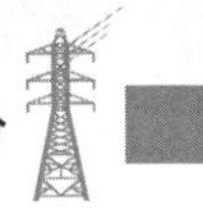

刻认识安全的极端重要性，始终把安全生产作为最根本的大事，树牢安全发展理念；二是依法建立健全安全生产规章制度，进一步完善安全生产责任体系，并抓好落实；三是加强重点领域安全工作，制定网络安全隐患和交易信息保密安全隐患专项工作方案，适时开展网络安全专项演习工作，通过安全实战攻防演习查漏补缺，提升电力交易平台安全运行能力和交易信息安全防控水平。

12. **如何建立交易机构的薪酬体系？**

答：依据国家发改委、能源局《关于推进电力交易机构独立规范运行的实施意见》（发体改〔2020〕234号）的要求，交易机构应根据行业情况，建立科学合理、具备竞争力的薪酬分配机制，保障交易机构从业人员的专业能力。

交易机构应结合实际建立薪酬体系，规范薪酬分配秩序，优化完善绩效考核结果与薪酬挂钩机制，合理拉开分配差距，充分发挥薪酬分配激励作用，实现交易中心薪酬管理的规范化、制度化和科学化。薪酬体系应包含工资项目名录、薪点工资标准、薪档确定及调整标准、绩效工资计算方式、年功工资标准及福利性补贴管理规范、假期和缺勤待遇标准等。

13. **交易机构怎样开展市场化人员选聘？**

答：依据国家发改委、能源局《关于推进电力交易机构独立规范运行的实施意见》（发体改〔2020〕234号）的要求，自2020年起，交易机构新进普通工作人员一律实行市场化招聘。市场化招聘应纳入控股公司统一计划管理并实施，主要包括招聘计划、招聘实施及入职培养流程。

人员选聘应统筹考虑中心发展规划、业务需要、劳动定员、上岗条件、人员结构、自然减员等因素，开展人力资源总量、专业、素质需求预测，科学编制年度招聘计划，经交易中心总经理办公会审议通过后上报。招聘计划最终按上级批复文件执行。

交易中心根据上级批复的招聘计划统一编制招聘公告，报上级审核后，通过招聘平台发布。根据招聘计划、招聘平台志愿投递情况进行资格审查和简历筛选，择优先后开展笔试、面试及综合考察。交易中心根据上级有关要求和应聘考试、考察结果，研究拟录用人选，报上级审核。交易中心统一对核准人选进行公示，组织开展体检。全部合格者与交易中心直接签订劳动合同。